浙江大学—余杭中学智能时代创新教学实践基地建设研究项目成果
（2022-SKY-503103-0013）

素养本位教育丛书
肖龙海　总主编

"理解为先"的
高中化学教学改革

王书力◎著

HIGH SCHOOL CHEMISTRY TEACHING REFORM
BASED ON THE THEORY OF
UNDERSTANDING BY DESIGN

浙江大学出版社
ZHEJIANG UNIVERSITY PRESS
·杭州·

图书在版编目（CIP）数据

"理解为先"的高中化学教学改革／王书力著.
杭州：浙江大学出版社，2024.9. -- ISBN 978-7-308-25216-4

Ⅰ．G633.82

中国国家版本馆 CIP 数据核字第 2024QM9020 号

"理解为先"的高中化学教学改革
王书力　著

策划编辑	吴伟伟
责任编辑	陈　翮
责任校对	丁沛岚
封面设计	雷建军
出版发行	浙江大学出版社
	（杭州市天目山路148号　邮政编码310007）
	（网址：http://www.zjupress.com）
排　　版	杭州星云光电图文制作有限公司
印　　刷	广东虎彩云印刷有限公司绍兴分公司
开　　本	710mm×1000mm　1/16
印　　张	9.5
字　　数	130千
版 印 次	2024年9月第1版　2024年9月第1次印刷
书　　号	ISBN 978-7-308-25216-4
定　　价	58.00元

版权所有　侵权必究　　印装差错　负责调换

浙江大学出版社市场运营中心联系方式：0571-88925591；http://zjdxcbs.tmall.com

前　言

　　化学教学的改革,旨在激发学生的化学潜能,培养其创新思维和实践能力,以适应新时代的育人要求。为更好地落实立德树人根本任务,提高学生的化学素养和综合能力,我们采用"理解为先"的教学模式,重新设计和调整了化学课堂的教学过程。

　　在这次改革中,我们注重更新和优化化学课程,将理论与实践相结合,指导学生在学习化学知识的同时,更好地认识社会热点问题,分析并解决实际问题。我们引入了探究式、案例式等教学方法,让学生通过亲身参与,感受到化学知识的魅力,从而提高学习兴趣和主动性。此外,我们还灵活运用信息化技术手段,加强实践环节,建立科学全面的评价体系。这不仅让学生获得了知识,还培养了他们的创新思维和实践能力。在化学实验和实践中,学生了解到化学知识在实际生活中有着广泛的应用,从而提高了环境保护意识和社会责任感。同时,我们也注重培养学生的团队合作精神和沟通能力。在化学实验和实践中,学生通过相互协作,共同解决问题,学会了如何与他人合作、沟通,由此增强了团队意识和合作精神。

　　化学教学改革是一项长期的任务,需要教师不断探索、实践和完善。化学教学改革不仅是教育领域的创新,还是社会发展的重要推动力量。通过这次改革,我们希望培养出更多具备创新思维和实践能力的人才,为国家的经济发展和社会进步注入新的活力。我们相信,这些人才将在未来的科技、文化、教育等各个领域发挥重要作用,为国家的繁荣发展做出贡献。同时,深化化学教学改革也是推进环境保护和社会责任履行的重要途径。通过教育，我们希望学生能够树立起环境保护意识，关注社会问题，积极参与社会实践，为社会的可持续发展贡献自己的力量。此外，化学教学改革还为师生提供了更多的交流和互动机会。在化学实验和实践中，师生需要相互协作，共同探讨解决问题的方法。这不仅增强了师生之间的互动和交流，也提高了学生的主动性和创造性。

"理解为先"的化学教学改革是一项具有深远意义的教育改革。它不仅关系到每个学生的成长和发展，还关系到整个社会的未来。我们相信，在广大师生的共同努力下，化学教学改革将会取得更加丰硕的成果，为社会的进步和发展注入新的活力。

目 录

1 基于"理解为先"理论的化学教学改革的背景与意义 / 1
   1.1 基于"理解为先"理论的化学教学改革的背景 / 1
   1.2 基于"理解为先"理论的化学教学改革的目的及意义 / 6

2 "理解为先"的教学模式及其应用 / 13
   2.1 "理解为先"的教学模式的国内外研究梳理 / 14
   2.2 "理解为先"的教学模式的课堂应用 / 19
   2.3 小结 / 24

3 指向核心素养发展的化学教学设计改革 / 25
   3.1 指向核心素养发展的化学教学设计的内涵 / 27
   3.2 构建"理解为先"的化学课堂的具体途径 / 37

4 基于"理解为先"理论的高中化学教学设计 / 48
   4.1 高中化学教学设计的原则 / 48
   4.2 基于"理解为先"理论的单元教学与化学学科核心素养的关系 / 54
   4.3 高中化学教学设计的流程及操作 / 56
   4.4 小结 / 65

5 基于真实情境的高中化学逆向教学设计具体实施 / 68
   5.1 基于真实情境的化学学科逆向教学设计过程 / 68
   5.2 基于真实情境的化学学科逆向教学设计的实施步骤 / 75

5.3 逆向教学设计评价 / 82

5.4 逆向教学设计的实施与优化 / 83

6 基于"理解为先"理论的高中化学教学案例分析 / 88

6.1 化学学科基本概念的构建——以"氧化还原反应"为例 / 88

6.2 金属元素化合物知识体系的构建——以补铁剂"富马酸亚铁"为例 / 98

6.3 非金属元素化合物知识体系的构建——以"食品添加剂"二氧化硫的性质探究为例 / 110

6.4 "理解为先"理论视野下的教学设计展望 / 123

6.5 小结 / 125

7 基于"理解为先"理论的高中化学教学改革的功效与启示 / 128

7.1 高中化学教学改革的功效 / 129

7.2 高中化学教学改革的启示 / 135

结　语 / 138

参考文献 / 140

1 基于"理解为先"理论的化学教学改革的背景与意义

1.1 基于"理解为先"理论的化学教学改革的背景

1.1.1 发展学生核心素养、培养创新型人才符合中国教育发展的新要求

创造力被认为是 21 世纪人才的必备技能。学生创新能力的培养受到社会和国家的高度重视。根据中共中央、国务院印发的《关于深化教育改革全面推进素质教育的决定》《中国教育现代化 2035》,素质教育的实施要以培养学生的创新精神和实践能力为重点。创新能力的核心是创新思维,创新思维培养的关键在于落实高效课堂。因此,科学有效地培养学生的创造性思维成为教育过程中重要的一环。

教育兴则国家兴,教育强则国家强。为落实立德树人根本任务,教育部于 2021 年印发《中华优秀传统文化进中小学课程教材指南》,旨在培养担当民族复兴大任的时代新人,培养德智体美劳全面发展的社会主义建设者和接班人。[①] 新时代创新人才的培养须回归教育的初心。教育的重要目的是为社会培养所需要的人才,培养学习者良好的习惯和独立思考的能力。但

---

① 赵婀娜,冯华.科技自立自强 教育改革创新[N].人民日报,2021-12-30.

传统的教育教学脱离了生活实际,使得知识的学习是空洞的和没有灵魂的。例如,在化学学科的学习中,学生仅仅停留在简单的化学式的识记上,无法将课堂所学的化学知识与日常生活现象联系起来,无法应用知识。"填鸭式"教学和"唯分数论"的教学思想严重阻碍了中国教育改革的步伐,造就了大量的"做题人才",违背了培养人才的初衷。百年大计,教育为本,在科学技术迅猛发展的今天,创新型人才培育无疑是重中之重。高质量的教育是培养创新型人才的必由之路,必须落实对学习者核心素养的培育。

核心素养的深层内涵包括文化基础、自主发展和社会参与三方面。文化基础是指对中华民族传统文化的继承与发扬。它是中华文化矗立于世界文化之巅的重要保证。自主发展是学生创新力培养的有效保障。社会参与是指学生始终关心国家局势,思虑国家发展,参与社会性议题。这对实现中华民族的长治久安具有深远意义。为进一步细化学科培育人的要求,教育部重新制定了以"促进学生核心素养发展"为主基调的课程标准。《普通高中化学课程标准(2017年版2020年修订)》的颁布,凝练了化学学科育人的具体要求,即帮助学生形成正确的价值观、必备品格和关键能力,提升学生综合素质,着力发展学生核心素养。化学学科课程标准的颁布为教师的教学打开了新的局面。其以帮助学生养成终身学习的能力为主要目标,旨在发展学生核心素养,培养创新型人才。

1.1.2 新教材的使用深化教育改革理念

《普通高中化学课程标准(2017年版2020年修订)》对化学学科的育人目标作出了具体的要求。化学学科核心素养包括"宏观辨识与微观探析""变化观念与平衡思想""证据推理与模型认知""科学探究与创新意识""科学态度与社会责任"5个方面。

"宏观辨识与微观探析"素养要求学生"能从不同层次认识物质的多样

性,并对物质进行分类;能从元素和原子、分子水平认识物质的组成、结构、性质和变化,形成'结构决定性质'的观念。能从宏观和微观相结合的视角分析与解决实际问题"。

"变化观念与平衡思想"素养要求学生"能认识物质是运动和变化的,知道化学变化需要一定的条件,并遵循一定规律;认识化学变化的本质特征是有新物质生成,并伴有能量转化;认识化学变化有一定限度、速率,是可以调控的。能多角度、动态地分析化学变化,运用化学反应原理解决简单的实际问题"。

"证据推理与模型认知"素养要求学生"具有证据意识,能基于证据对物质组成、结构及其变化提出可能的假设,通过分析推理加以证实或证伪;建立观点、结论和证据之间的逻辑关系。知道可以通过分析、推理等方法认识研究对象的本质特征、构成要素及其相互关系,建立认知模型,并能运用模型解释化学现象,揭示现象的本质和规律"。

"科学探究与创新意识"素养要求学生"认识科学探究是进行科学解释和发现、创造和应用的科学实践活动;能发现和提出有探究价值的问题;能从问题和假设出发,依据探究目的,设计探究方案,运用化学实验、调查等方法进行实验探究;勤于实践,善于合作,敢于质疑,勇于创新"。

"科学态度与社会责任"素养要求学生"具有安全意识和严谨求实的科学态度,具有探索未知、崇尚真理的意识;深刻认识化学对创造更多物质财富和精神财富、满足人民日益增长的美好生活需要的重大贡献;具有节约资源、保护环境的可持续发展意识,从自身做起,形成简约适度、绿色低碳的生活方式;能对与化学有关的社会热点问题作出正确的价值判断,能参与有关化学问题的社会实践活动"。

1.1.3 多元化的评价体系是推动理解为先的课堂改革的驱动力

高考既是我国一种重要的人才选拔制度,也是检测我国基础教育的重要手段。高考制度的严格性、公平性是实现我国教育稳健发展的重要保障。它有效防止了人才的流失,使每一位中国考生都能尽其能、展其才,最大限度地为党和国家输送人才。旧的高考制度已经无法满足新时代人才选拔的需求。"唯分数论"是旧时高考制度的弊端。学生夜以继日地做题,浩如烟海的题库不断蚕食着学生的精神力和创新力,有违教育事业"培养德智体美劳全面发展的创新人才"的目标。2014年9月,《关于深化考试招生制度改革的实施意见》发布,正式开启了新一轮的高考改革。改革后的高考制度是以促进学生的个性化发展、提升学生的综合素养为目标的新型制度,也是我国实现创新型人才培养的重要途径。与高考改革相伴随的是《中国高考评价体系》的发布。新的高考评价体系可简单概括为"一核""四层""四翼"(见图1.1)。其中,"一核"是高考的核心功能,即"立德树人、服务选才、引导教学",回答"为什么考"的问题;"四层"为高考的考查内容,即"核心价值、学科素养、关键能力、必备知识",回答"考什么"的问题;"四翼"为高考

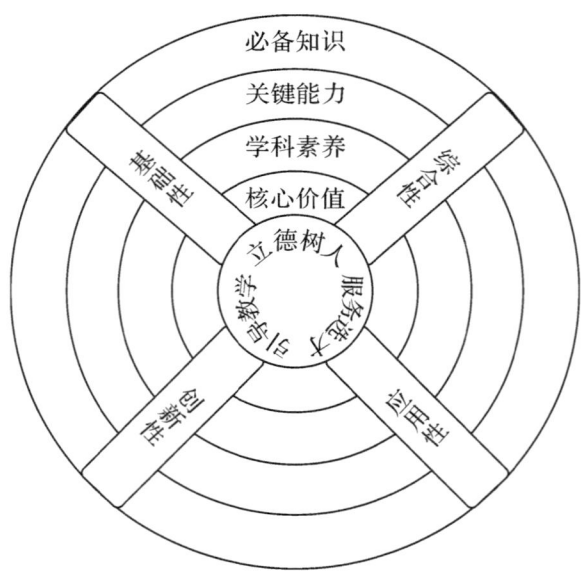

图1.1　高考评价体系

的考查要求,即"基础性、综合性、应用性、创新性",回答"怎么考"的问题。高考评价体系以习近平新时代中国特色社会主义思想为指导,深入贯彻党的十九大和十九届二中、三中、四中全会精神,贯彻落实党的教育方针和全国教育大会精神,是深化新时代高考内容改革的理论支撑和实践指南,是统筹推进高考综合改革和高中育人方式改革的重要载体,是提升高考治理能力的重要基础。构建合理的高考评价体系是保证立德树人根本任务得以落实的重要环节,有助于充分发挥高考正向指挥棒的作用。

"一核"指的是高考的核心功能,即高考是为党和国家选拔创新型人才推出的重要举措,是落实立德树人根本任务的有效手段,是督促教师进行高效教学的有力保障。"四层"对高考考什么作出了准确诠释。高考试题的命制应以中国特色社会主义核心价值观为导向,学科知识应以测试学生学科核心素养为根本,注重对学生关键能力和必备知识的考查。"四翼"对高考试题命制提出了具体要求,即注重试题与教科书的密切联系,关注对基础知识点的考查,强调"试题的新颖性和创新性是检验学生水平的重要试金石,知识的价值在于构建与生产生活的联系"。具有前瞻性的高考评价体系极大地推动了中国课堂教学改革的步伐。

1.1.4 基于"理解为先"理论的化学教学改革面临的困境

自改革开放以来,中国教育发展迅猛,中国大学在世界的影响力也逐年攀升。这些都与基础教育的改革紧密相关。深化课堂改革是我国培养创新型人才的基石,是实现中国式现代化的重要途径。伴随着我国教育事业的稳健发展,教育理念也不断革新,但仍然存在诸多问题。首先,教师思想观念滞后。一些教师坚持经验主义、"填鸭式"教学,过度关注碎片化的知识,不利于学生建立完整的化学学科知识体系,弱化了化学学科功能。其次,教师在教学中占主导地位,制约了学生创新能力的发展。学生的思维无法打开,对化学学科知识缺乏深度思考,产生了化学难的观念,从而制约了化学学科的学习,影响了化学课堂的教学效果,继而影响了我国基础学科的改革。1998年,格兰特·威金斯(Grant Wiggins)和杰伊·麦克泰(Jay McTighe)完成了第一部关于"理解为先"模式的教育理论专著。但该著作在中国产生的影响还比较有限。

基于上述考虑,应积极发挥"理解为先"的教学模式在化学教学改革中的重要作用,为中学教师提供宝贵的教学范式,并"以终为始",思考学生在整个教学活动中的主体地位。设计合理的教学活动及评价体系,可以使学生对知识的理解情况可视化。"理解为先"的教学模式为教师培养学生的核心素养提供了科学有效的路径,真正凸显了化学课堂的实际育人价值。

1.2 基于"理解为先"理论的化学教学改革的目的及意义

1.2.1 化学教学改革的目的

教育部印发的《基础教育课程教学改革深化行动方案》明确提出为党育人、为国育才,落实立德树人根本任务,发展素质教育,促进教育公平。传统的"填鸭式"教育忽视了学生的主体地位,不能发挥其主观能动性,造成学生机械地接受知识点和消化学习内容。传统的"满堂灌"教育无视学生个体的差异性,抑制了学生的创造力和想象力,使学生无法得到充分全面的发展。与此同时,在这种教育环境下,教师无法做到因材施教,学生的整体合作意识不足,适应新环境的能力薄弱。传统课堂教学功能单一(见图1.2)。一方面,教师的作用仅体现在知识传授上。但教师作为传道授业解惑的先行者,除了教授知识,也应该告诉学生学科知识所蕴含的育人价值及伦理道德取向。另一方面,在对学生的评价上,"以分数论英雄"直接无视了学生其他方面的发展。持"唯分数论"的教师往往将知识作为固定结论告诉学生,花费大量的时间让学生反复做题,全然不考虑这是否符合学科知识的内在逻辑,是否会熄灭学生心中对知识的内在渴求,是否会损害学生原本极为宝贵的创造力和年轻气盛的自信心。[1] 课堂上的知识传授不是简单的灌输,而是尊重学生个性,考虑学生的身心发展特点,从而使知识内化为学生的必备品格、关键能力和正确的价值观。

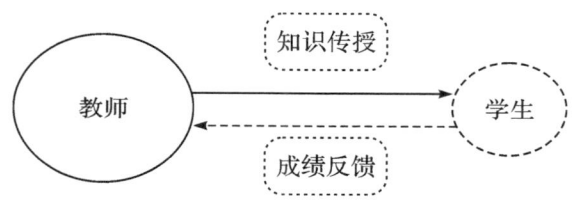

图 1.2　传统课堂的作用

教师作为化学教学改革的重要的一环,第一,要明确化学学科的育人价值,把握教科书与生活的密切关联,理解化学知识的内在逻辑,做有内涵、有思想的化学教师,通过创设真实情境的化学课堂,以具有实际意义的化学知识为突破口,不为教而教,而要以培养学生的终身学习能力为目标,备好课,上好课。第二,教师的教学应始终秉持学生是学习的主体的原则,思考如何为学生创造真实且有效的情境素材,激发学生的求知欲和探索精神。[2] 化学教学改革应以教育理念的转变为先导[3],遵循化学课程标准的育人理念,坚持以学生为中心、以学习为中心、以学生发展为中心,坚持教为学服务,为学生好学而设计教学,构建"学为中心"课堂。化学教学改革的重要目标是,把

---

[1]　郭华.教学方式变革要在"转化"上下功夫[J].人民教育,2022(11):1.
[2]　郭华.好老师是如何上好一节课的:以华应龙"阅兵之美"一课为例[J].中国教师,2021(10):53-54.
[3]　刘开双.深化课堂教学改革　助推区域教育高质量发展[J].湖北教育(政务宣传),2023(8):46-47.

课堂还给学生,让课堂焕发出生命活力;把创造空间还给教师,让教育充满智慧与挑战。第三,教师应积极转变教学方式。教师应主动探索问题驱动式、任务驱动式、探究学习式、单元整体式、小组合作式、项目学习式、课堂翻转式等深度学习活动,培养学生的分析、评价、创造等高阶思维,培养学生的情境分析能力、信息整合能力、知识建构能力、迁移运用能力、问题解决能力,逐步形成一些个性化的教学策略。如,初中数学的"问题·活动·评价"三要素、初中化学的"四环递进"、初中道德与法治的"五学"、初中地理的"三段六步"等教学模式。第四,教师应注重回归育人本质。课堂教学改革从本质上说是育人方式的一种变革,其不仅是教学模式的改变,而且力求从根本上对教育教学进行重新架构,是教师对"培养什么人、怎样培养人、为谁培养人"的实践探索,是培育学生核心素养的有效实施,也是对立德树人根本任务的具体落实。第五,教师应注重启迪思维和激发兴趣。通过改革,课堂教学总体上发生了很大变化。一方面,在课堂上,学生是快乐、自信、积极的;学生收集处理素材的能力、口头表达的能力、思辨的能力、良好的学习习惯令人赞许;学生的本能、潜能、天性得到激发,个性得到彰显,差异得到尊重。另一方面,教师能熟练运用各种教学方法,及时与学生互动,不时有精彩的碰撞出现;教师的角色转变成设计者、创造者、指导者、调控者、评价者;学生的思维被激活,参与学习的积极性、主动性被调动,师生共同营造出平等、和谐的人文课堂环境和课堂文化。这样的课堂涵养了每一个学生,同时也唤醒了教师的职业成就感。化学教学改革是教师的教学方式的变革,由教师讲授变为教师示范,师生互动频繁,学生合作密切。由此,新的化学课堂是一种强调师生与生生合作的理想课堂。

化学教学改革不是口号,而应该是观念的革新、育人理念的进步。教师尊重学生的差异性,支持学生的个性化发展,打破应试教育的壁垒,不断提高教学水平和认知水平,更好地发挥育人作用,为党和国家培养堪当民族复兴重任的创新型人才。

综上所述,化学教学改革的目的是:第一,打破传统的教学模式,摈弃"唯分数论"的错误观念,培养学生的化学学科核心素养,培养学生的创造力和想象力;第二,打造高效的化学课堂,转变教师的育人理念,重视对学习过程的评估,促进学生对知识的深度理解。

1.2.2　基于"理解为先"理论的化学教学改革的意义

（1）理论意义

"理解为先"的教学模式丰富了我国的教学研究范式,为课堂改革注入了活力,显著提升了教师的能力和水平。多元化的教学活动的设计,富有创造性的化学教学实验的改良,促进了学生德智体美劳的全方位发展,有助于学生形成"理论源于实践"的观念,从而注重化学课堂的深度、广度和温度。"理解为先"的化学课堂与化学学科的概括性、严谨性和简明性相结合,为教师采取多样的教学方法和多元的教学评价、培养学生的化学核心素养提供了强有力的实践指导,加速了我国教学改革的步伐,丰富了我国基础教育领域化学学科创新人才培养的教育教学体系。"理解为先"的教学模式孕育出富有创造性的教学设计,为培养专家型教师提供了模板。多元化、多角度的评价方式提高了教师的教学热情,延伸了学生学习的持续性,使其在任务解决过程中提高了解决问题的能力,提升了自我效能感,为进一步提升核心素养打下了基础。

（2）实践意义

以培养学生化学学科核心素养为目标的课堂教学设计给一线教师带来更大的挑战与困难。[①] 教师不仅要有扎实的知识储备,掌握多元化的教学策略,还要具备严谨的逻辑思维,以便设计出具有操作性、能调动高阶思维的

---

① 刘思思.基于逆向教学理论的单元整体教学设计研究[D].重庆:西南大学,2023.

高效化学课堂。首先,"理解为先"的教学模式通过交叉式、混合式的活动设计丰富学生的感知,化抽象为具体,将晦涩难懂的知识点通过逆向教学设计变得简单、明了,有利于学生构建完整的化学知识框架,激发学生学习化学的兴趣。其次,"理解为先"的教学模式强调学生在教学中的主体地位,注重学生能力的发展和学生创造力的塑造。创造力的塑造和创造性思维的发展依赖于可以感知的真实情境。化学学科的特点与"理解为先"的教学模式相得益彰,二者都强调知识与实际生活的密切联系,注重在真实情境中强化学生对知识的理解。"理解为先"的教学模式尊重学生的主体地位,关注知识的层次性,注重学生的知识建构,以培养有思想、有创造力的人才为重要目标。最后,"理解为先"的教学模式加速教师的教学方式转变,要求教师对学生可能达到的水平进行评估,并以强化学生的知识理解能力为目标进行活动设计,培养学生的化学学科核心素养。"理解为先"的教学模式可以激励教师持续学习,革新教育理念,与时俱进,在实践中提升自身的专业能力和业务水平。

"理解为先"的化学课堂强调学生对知识的深度理解,改变了"满堂灌"的教学现状。通过真实情境的创设,学生能准确使用教材,掌握学习化学的基本理论和方法,能够胸有成竹地解决问题。学生的思维能力在教学实践中得以发展,核心素养水平在学科知识学习中得以提升。

附录

普通高中化学课程标准(2017年版2020年修订)

(第一部分"课程性质与基本理念")

(一)课程性质

化学是在原子、分子水平上研究物质的组成、结构、性质、转化及其应用的一门基础学科,其特征是从微观层次认识物质,以符号形式描述物质,在不同层面创造物质。化学不仅与经济发展、社会文明的关系密切,也是材料科学、生命科学、环境科学、能源科学和信息科学等现代科学技术的重要基础。化学在促进人类文明可持续发展中发挥着日益重要的作用,是揭示从元素到生命奥秘的核心力量。

普通高中化学课程是与义务教育化学或科学课程相衔接的基础教育课程,是落实立德树人根本任务、发展素质教育、弘扬科学精神、提升学生核心素养的重要载体;化学学科核心素养是学生必备的科学素养,是学生终身学习和发展的重要基础;化学课程对于科学文化的传承和高素质人才的培养具有不可替代的作用。

(二)基本理念

1. 以发展化学学科核心素养为主旨

立足于学生适应现代生活和未来发展的需要,充分发挥化学课程的整体育人功能,构建全面发展学生化学学科核心素养的高中化学课程目标体系。

2. 设置满足学生多元发展需求的高中化学课程

通过有层次、多样化、可选择的化学课程,拓展学生的学习空间,在保证学生共同基础的前提下,引导不同的学生学习不同的化学,以适应学生未来发展的多样化需求。

3. 选择体现基础性和时代性的化学课程内容

结合人类探索物质及其变化的历史与化学科学发展的趋势,引导学生进一步学习化学的基本原理和方法,形成化学学科的核心观念;结合学生已有的经验和将要经历的社会生活实际,引导学生关注人类面临的与化学有关的社会问题,培养学生的社会责任感、参与意识和决策能力。

4. 重视开展"素养为本"的教学

倡导真实问题情境的创设,开展以化学实验为主的多种探究活动,重视教学内容的结构化设计,激发学生学习化学的兴趣,促进学生学习方式的转变,培养他们的创新精神和实践能力。

5. 倡导基于化学学科核心素养的评价

依据化学学业质量标准,评价学生在不同学习阶段化学学科核心素养的达成情况,积极倡导"教、学、评"一体化,使每个学生化学学科核心素养得到不同程度的发展。

2 "理解为先"的教学模式及其应用

核心素养的发展基于真实情境,而"理解为先"的教学模式为新型课堂提供了新的研究范式。唯实方能笃行,唯思方能致远,推进化学教学改革刻不容缓。课程改革是旨在提高教学质量,培养全面发展的人和建设和谐社会的一项教育活动。

美国学者布鲁斯·乔伊斯(Bruce Joyce)、马莎·韦尔(Marsha Well)和艾米莉·卡尔霍恩(Emily Calhoun)合著的《教学模式》是目前为止关于教学模式研究最全面、最权威的著作。该书对教学模式的定义、地位、分类及具体应用等进行了详细论述。[①]

在我国,教学模式研究还处于初步探索的阶段。改革开放初期,我国教学模式的特征是单向反馈机制,即"填鸭式"或"注入式"教学模式。[②] 北京师范大学何克抗提出了"主导—主体"教学模式,注重师生双向反馈,但教师在教学中仍占据中心地位。2000年后,教学模式的探索呈百花齐放态势。高文在《教学模式论》中介绍了教学模式的范式和实施基础,如研讨式教学模式、问题解决式教学模式等。[③] 2008年,上海师范大学卢家楣提出情感教学模式,强调教学要注重生命体验。科技的革新带来了教学模式的深刻变

[①] 布鲁斯·乔伊斯,马莎·韦尔,艾米莉·卡尔霍恩.教学模式(第9版)[M].兰英,等译.上海:华东师范大学出版社,2021.

[②] 何克抗,李克东,谢幼如,等."主导—主体"教学模式的理论基础[J].电化教育研究,2000(2):3-9.

[③] 高文.教学模式论[M].上海:上海教育出版社,2002.

化,出现了混合式教学模式、翻转课堂等,教学质量显著提高。

为弥补传统教学模式的不足,教育专家深入课堂,摸索出适合中国本土的新型教学模式,既注重创设真实情境满足学生的个性化发展需要,又充分重视课堂体验。"理解为先"的教学模式便在众多教学模式中脱颖而出。

2.1 "理解为先"的教学模式的国内外研究梳理

2.1.1 "理解为先"的教学模式的国外研究梳理

"理解为先"是由"understanding by design"翻译而来,简称 UbD。威金斯和麦克泰不断完善这一理念,并在美国各州进行推广。"理解为先"即以知识理解为重,强调在教学设计的全过程以学生核心素养发展为导向进行学科知识的学习。根据"理解为先"概念的 3 个层次(见图 2.1),可以赋予"理解为先"的课堂以知识功能。①

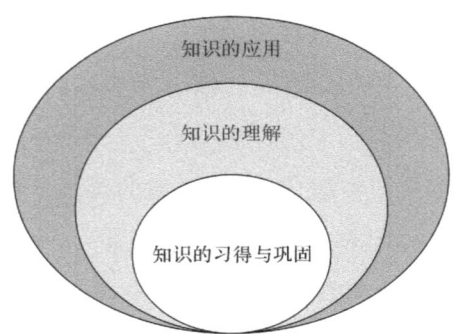

图 2.1 "理解为先"的内涵

在 Web of Science 中输入关键词"understanding by design",共检索出 6207 篇教育与教育研究方向的论文。以"understanding by design"和"chemistry education"为关键词,共检索出 229 篇相关文献。为更好地理解为什么以"理解为先"作为课堂改革的研究范式,我们以时间为序,梳理了"理解为先"教学模式的发展历程,如表 2.1 所示。

---

① 周晓芸.基于 UbD 理论的初中物理单元教学设计实践研究:以"热与能"为例[D].上海:华东师范大学,2023.

表 2.1 "理解为先"的教学模式的发展历程

时间	代表人物（国家）	研究方向	具体内容
1945 年	波利亚（美国）	数学	通过逆向分析，深化知识理解
1949 年	泰勒（美国）	课程与教学	进行课程开发，确定课程研究的具体内容；确定教育目标；选择学习经验；组织学习经验；评价学习结果
1960 年	布鲁纳（美国）	认知心理学	发现学习法的实际价值
1998 年	威金斯和麦克泰（美国）	"理解为先"的教学模式	"理解为先"的教学模式的具体操作流程
2004 年	威金斯和麦克泰（美国）	"理解为先"的教学模式	理解为先模式——专业发展手册：系统阐述了表现性任务的设置环节特征
2011 年	威金斯和麦克泰（美国）	"理解为先"的教学模式	理解为先模式——单元教学设计指南（一）：对单元的设计路径进行了说明
2012 年	威金斯和麦克泰（美国）	"理解为先"的教学模式	理解为先模式——单元教学设计指南（二）：侧重于对单元设计的改进，增加了对单元内容的自我评估、同行评估和监督等
2015 年	威金斯和麦克泰（美国）	"理解为先"的教学模式	单元设计的 25 个问题：在单元教学中设置高级问题

通过时间线索不难发现，威金斯和麦克泰提出的"理解为先"的教学模式经历了长达 10 年的教育实验研究。"理解为先"的教学模式在美国各州盛行，并受到世界各国教育界的关注，为教育的发展提供了新的研究思路。

乔治·波利亚（George Polya）的数学研究范式为"理解为先"的教学模式打下了理论基础。1945 年，波利亚提出数学题的解答思路是"以答案为起始点，思考得到答案所需要的过程和条件"[①]。被称为"当代教育评价之父"的拉尔夫·泰勒（Ralph Tyler）提出的泰勒原理（见图 2.2），影响深远，沿用

---

① 波利亚.怎样解题:数学思维的新方法[M].涂泓,冯承天,译.上海:上海科技教育出版社,2011.

至今。1949年,泰勒出版《课程与教学的基本原理》一书,对课程开发作出了简洁、清楚的诠释,标志着科学化课程开发理论进入新的发展阶段。泰勒提出的教育目标虽未涉及"理解为先"的教学模式,但他明确指出要在教学过程中从各个维度对教学结果进行评价,从而达到所期待的教学目标。①

图2.2 泰勒原理

作为认知心理学的大师,杰罗姆·布鲁纳(Jerome Bruner)一生致力于认知心理学的发展。在布鲁纳看来,教学要着重考虑学生在学习中的意向和目标针对性,要把学生的技能转变成他们自己的智力活动的安排。② 不难发现,布鲁纳十分注重学生的知识体验,在尊重学生的主体地位的同时,也不忽视教师的重要职责,即教师的作用是帮助学生在所学知识与已有经验之间建立关联,使学生将知识内化于心。学生在实际生活中使用知识的过程体现了对知识的深度理解。"理解为先"的教学模式是对布鲁纳的认知发展理论的一种再认识和改造。

1998年,美国的两位教育学家怀着对教育的热忱,对教育家的经典理论进行整理。在研究过程中,他们潜心挖掘更深层次的价值,继而完成了《追求理解的教学设计》一书。该书具体介绍了"理解为先"的具体操作步骤。2004年、2011年,《理解为先模式——单元教学设计指南(一)》和《理解为先模式——单元教学设计指南(二)》相继出版。这两本书的共同点在于:

---

① 泰勒.课程与教学的基本原理[M].罗康,张阅,译.北京:中国轻工业出版社,2008.
② 布鲁纳.教育过程[M].邵瑞珍,译.北京:文化教育出版社,1982.

①都对模块中的关键理念进行了讨论;②都有单元设计的指导性练习、学习单和设计建议;③都有新设计的案例;④都有评审原则(设计标准)并进行了自我评估;⑤都有获取后续信息的参考列表。① 2015年,《单元设计的25个问题》出版。该书对教学过程中高级问题的设置进行了详细说明,使得"理解为先"的教学设计更加成熟,能更好地指导一线教师的教学实践。② 除了作为发源地的美国,新加坡教育界也创新性地引用了"理解为先"的教学模式,并邀请学者苏珊(Susan)担任设计工坊的主持人,详细阐述"理解为先"的教学模式。该活动邀请了当地一线教师参与,探讨如何将"理解为先"的教学模式与实际教学相结合,共同促进新加坡教育的发展。经专家指导、政府鼓励,"理解为先"的教学模式在新加坡得到广泛应用,新加坡的教育水平相比之前有了明显的提高。③

综上所述,"理解为先"的教学模式在国外经历了一个世纪的发展,吸收了优秀教育家的教育理念和思想,经威金斯和麦克泰的总结与提炼,发展成为一种成熟的教育理论。随着社会的不断变革,我国的基础教育面临前所未有的挑战,其中最重要的是如何保证课堂教学的有效执行。"理解为先"的教学模式,已被证明是有效的。④ 研究"理解为先"的教学模式,具有重要意义。

2.1.2 "理解为先"的教学模式的国内研究梳理

尽管"理解为先"的教学模式在国际社会应用广泛,但是国内研究"理解

---

① McTighe J, Wiggins G. Understanding by Design, 2nd Edition [M]. Alexandria: Association for Supervision and Curriculum Development, 2005.

② Wiggins G, McTighe J. Understanding by Design Guide to Advanced Concepts in Creating and reviewing Units [M]. Alexandria: Association for Supervision and Curriculum Development, 2012.

③ 靳慧灵.新加坡的UBD实践[J].上海教育,2018(14):46-50.

④ 李秋实,刘学智.美国"课程实施调查"项目新进展:教科书与课程标准一致性分析模式研究[J].外国教育研究,2019(7):15-28.

为先"教学模式相对较晚,研究成果也相对较少。在中国知网(CNKI)以"'理解为先'教学""UbD教学"为关键词,以2000年1月1日至2023年11月6日为时间节点,共检索出相关文章628篇。通过发文趋势(见图2.3)可知,从2016年起,我国学者对"理解为先"教学模式的研究开始深入,研究成果逐步增多。

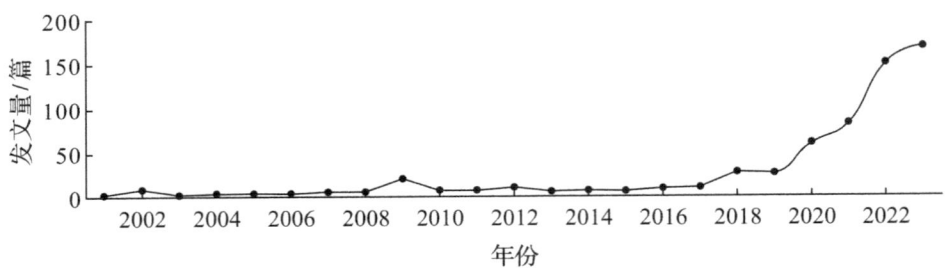

图2.3 "理解为先"的教学模式相关研究发文趋势

何晔和盛群力合作撰写的《理解的维度之探讨》一文,从"理解的维度"出发,对"理解为先"的教学做了深入的剖析和介绍,并提出了具体的改进措施和有效的方案。① 叶海龙的《逆向教学设计简论》一文指出,应采用"以终为始"的教学设计,注重教学活动,尊重学生的个体差异,选择合理的评价手段,从而更好地为教师教学提供服务,为学生学习提供指导。② 马兰、盛群力合著的《课堂教学设计——整体化取向》一书,深刻揭示了"理解为先"的教学模式的重要意义,并指出"理解为先"的教学设计是一种指向"有意义学习"的设计,能够为学生的知识理解服务,能让学生更加全面地掌握知识,体会知识的系统性和连贯性。与此同时,该书针对中国教育现状,提出要探索本土化的"理解为先"的教学模式。③ 邵朝友等依托已有研究成果,通过一系列的教学实验,证明了逆向教学模式的先进性,即通过"理解为先"的大单元

---

① 何晔,盛群力.理解的维度之探讨[J].开放教育研究,2006(3):28-34.
② 叶海龙.逆向教学设计简论[J].当代教育科学,2011(4):23-26.
③ 马兰,盛群力.课堂教学设计:整体化取向[M].杭州:浙江教育出版社,2011.

设计,加强学生对知识的理解,完善学生的知识结构,使学生在知识的迁移上更加多元。① 肖龙海等在《论理解性教学的困顿与超越》一文中指出,运用逆向设计原理及"关键问题"帮助学生实现知识掌握、意义建构和知识迁移等目标,即可理解为在教学的任何环节,需要通过以真实情境为载体,让学生更容易理解知识的内在逻辑和知识之间的关联性。②

2.2 "理解为先"的教学模式的课堂应用

2.2.1 "理解为先"的教学模式在国外的应用

随着"理解为先"的教学模式逐步完善,各国教育工作者也都将其视为有用的工具应用于实际教学之中。"理解为先"的教学模式适用于所有的学科教学,其在教学效果上也得到了广泛的验证。1998年威金斯和麦克泰发表《追求理解的教学模式》一文,开了"理解为先"教育的先河。为更好地推广"理解为先"的教学模式并将之应用于实际课堂,提供切实可行的操作建议,他们又出版了《理解为先模式教学设计手册》。"理解为先"的教学模式以其简易的教学范式、切实可行的教学案例、真实情境的创设,为学生提供了合理的评价手段,也为一线教师提供了更多的借鉴价值。随着教学范式的深入研究,学者塔蒂亚娜·科罗琴科(Tatiana Korotchenko)尝试将"理解为先"的教学模式应用于外语学科教学中。其借鉴"理解为先"的教学设计,将教学目标与学生已有的知识经验相结合,在实际教学过程中发现学生的能力和水平得到显著提高,如提高学生理解知识的准确性,学生能够从多角

---

① 邵朝友,韩文杰,张雨强.试论以大观念为中心的单元设计:基于两种单元设计思路的考察[J].全球教育展望,2019(6):74-83.
② 肖龙海,曹宗清,赵海亮.论理解性教学的困顿与超越[J].教学与管理,2020(36):1-5.

度看待问题。与此同时,依托具有可操作性的教学活动,学生对语言的掌握和应用水平得到明显提升。① 朱莉·明比奥尔(Julie Minbiole)以"理解为先"的教学模式为模型,将其运用在生物课堂的教学之中,发现师生互动明显增多。知识具有情境性,学生对知识的理解除了可以通过学生的作业进行体现,在课堂中的表现性任务设置也能作为学生知识理解水平的判断依据。"理解为先"的教学模式可以有效地提升教学质量,并且借助评估依据反作用于教学设计。② 洪淑英(Hong SuhYoung)为解决学生社交能力不足的问题,以"理解为先"的教学模式为突破口进行社会课程教学设计。学生在参加她的教学活动之后,不再抵制社交,有的学生甚至开始渴望与他人进行沟通交流,并且部分学生在科研活动中表现更加积极,应对问题也更加自信。③

综上所述,"理解为先"的教学模式在国外课堂教学中应用范围较广,呈现出多元化的育人价值,对中国教育教学改革具有重要的参考意义。

2.2.2 "理解为先"的教学模式在国内的应用

按照研究对象进行划分,以化学学科和非化学学科作为研究对象,在中国知网以"理解为先"或者"理解为先+化学"作为关键词,共检索出 27 篇论文。可见"理解为先"的教学模式在具体学科领域的应用研究较少。

笔者对这 27 篇论文进行分类,其中有 15 篇是硕士或博士学位论文,12 篇是期刊论文。对部分文献进行内容分析,结果见表 2.2。

---

① Korotchenko T V, et al. Backward design method in foreign language curriculum development[J]. Procedia-Social and Behavioral Sciences,2015,215:213-217.

② Minbiole J. Improving course coherence & assessment rigor:"Understanding by Design" in a nonmajors biology course[J]. The American Biology Teacher,2016,78(6):463-470.

③ Hong SuhYoung. A study on applying backward design to social studies to enhance communication competency[J]. The Journal of Learner-Centered Curriculum and Instruction,2019,19(3):1-21.

表 2.2 对部分论文的内容分析

序号	论文题目	论文作者	年级	研究主题	呈现形式	体现化学学科核心素养情况
1	逆向、整体、可操作：理解为先理论视角下单元教学设计——以九年级"方程式"为例	倪胜军等	九年级	方程式	教学设计	未直接体现
2	基于 UbD 模式的初中化学教学设计实践研究——以《化学用语》为例	陈瑞琪	初中	用语	教学设计	未体现
3	基于 UbD 的初中大概念主题单元复习教学设计——以"有反应无明显现象的实验探究"为例	蔡辉等	初中	实验探究	教学设计	部分体现
4	基于"理解为先"理论的高中"教、学、评"一体化研究	丁传俊等	高中	高中教学	教学评价	体现评价体系
5	基于 UbD 模式的化学单元教学设计——以"铁及其化合物"为例	余小凤等	高中	无机化合物	教学设计	部分体现
6	基于"理解为先"理论的高中化学单元教学设计与实践研究——以"物质及其变化"为例	王丹	高中	无机化合物	教学设计	部分体现
7	基于 UbD 模式的高中化学单元教学应用研究	高晓靓	高中	无机化合物	教学设计	部分体现
8	UbD 理论在高中化学教学设计中的应用研究	尚晓霞	高中	无机化合物	教学设计	部分体现
9	UbD 模式在高中有机化学基础教学中的应用研究	张洪悦	高中	有机化学	实践研究	部分体现

续表

序号	论文题目	论文作者	年级	研究主题	呈现形式	体现化学学科核心素养情况
10	基于UbD模式的高中化学教学设计及实践研究——以"认识有机化合物"为例	谭灵芝	高中	有机化合物	实践研究	部分体现
11	UbD理论在高中化学教学中的实践研究	张淑琴	高中	有机化学	实践研究	完全体现
12	基于UbD理论的高中化学大单元教学设计研究——以"烃"为例	张宇	高中	有机化学	教学设计	部分体现
13	UbD理论在高中化学单元教学中的应用研究——以"化学反应速率与化学平衡"为例	李惠玲	高中	反应原理	教学设计	部分体现
14	UbD理念指导下虚拟仿真实验赋能化学教学的课例研究——以"化学反应速率"为例	宋小宏	高中	反应原理	教学设计	注重评价
15	基于UbD理论的化学教学设计研究——以"酸、碱、盐在水溶液中的电离"为例	王春	高中	反应原理	教学设计	注重过程评价
16	追求理解的化学教学设计研究——以"物质的聚集状态与晶体的常识"为例	陈晓勇	高中	物质结构与性质	教学设计	较少体现

注：表中列举的文献信息，详见书后参考文献。

从表 2.2 中可以发现,"理解为先"的教学模式适用于化学学科的所有学段,也适用于化学学科的复习课和新授课。

倪胜军等采用"理解为先"的教学模式设计了"方程式"这一课的教学课例。[①] 方程式作为初中的重难点,基于"理解为先"理论进行教学设计,有助于复杂知识的简单化,从而使教学更具有针对性,帮助学生循序渐进地掌握新知识,顺利达成预设的学习目标。丁伟俊等认为"理解为先"的教学模式是实现"教、学、评"一体化的重要工具。[②] 教学目标的确立以学生的内在学习经验和课程标准为基础。教师通过情境化的表现性任务驱动,让学生掌握相关理论知识,结合课程标准的内容要求实施教学。这不仅是教学的重要策略,也是有效评定学生理解水平的重要保障。王春从反应原理的维度进行了教学设计剖析,填补了"酸碱盐电离"研究的空白。[③] 其以"酸碱盐在水溶液中的电离"作为知识载体,借助"理解为先"的教学模式进行教学设计,将知识融入学生的生活,使学生在真实情境中理解反应原理的整体思路。教师灵活使用学生熟悉的生活素材是专家型教师的素养体现。张洪悦认为,有机化学知识的讲解一般要基于模型认知的视角,学生难免产生畏难情绪,教师可以结合"理解为先"的教学模式,整合相关知识,在知识之间建立关联,并以案例的形式开展问题探究,帮助学生系统地学习有机化学知识。[④]

综上所述,"理解为先"的教学模式在化学学科有所应用,但尚未凸显学

---

① 倪胜军,付绍武,艾进达.逆向、整体、可操作:UbD 理论视角下化学单元教学设计——以九年级"化学方程式"为例[J].化学教学,2021(12):48-51,64.

② 丁伟俊,朱丹丹,郭秋雨,等.基于 UbD 理论的高中"教、学、评"一体化研究[J].中学教学参考,2023(3):1-4.

③ 王春.基于 UbD 理论的化学教学设计研究:以"酸、碱、盐在水溶液中的电离"为例[J].化学教育(中英文),2020(9):46-50.

④ 张洪悦.UbD 模式在高中有机化学基础教学中的应用研究[D].昆明:云南师范大学,2021.

生核心素养的发展。采用"理解为先"的教学模式落实学科核心素养发展的化学教学改革具有现实意义。

2.3 小　结

由文献分析可知,"理解为先"的教学模式研究主要体现在两个方面。一是"理解为先"理论介绍,包括"理解为先"的概念、教学设计流程和评价体系的设置。二是具体的教学研究,即以学科知识为载体,以学科核心素养的培养为教学目标进行教学设计,突出"理解为先"理论的应用价值。"理解为先"作为重要的教学理论,具有很强的可操作性,适用于所有学科的学习。

"理解为先"理论在一定程度上影响教师的教学观。教师"以终为始",注重学生在课堂的主体地位,结合课程标准的学业要求设置全新的课程教学目标。"理解为先"理论强调尊重学生的个体差异。教师通过真实情境的创设,让学生深度理解知识,并能利用知识解决实际问题;学生通过思考知识的内部联系,将碎片化的知识点建立关联,达到知识的迁移。"理解为先"的教学模式可以有效提升学生的核心素养水平,培养学生终身学习的能力。

3　指向核心素养发展的化学教学设计改革

"愈演愈烈的应试教育是同'立德树人'根本对立的。我国基础教育界存在一股不良之风,口头上讲一套,实际上做的是另一套,形成'素质教育轰轰烈烈,应试教育扎扎实实'的现象。"[1]新型的课堂教学强调所有学生都能得到发展,通过因材施教,使学生形成终身学习的能力。关于核心素养的概念界定,华东师范大学钟启泉有如下论述:"'核心素养'的界定不是片段要素的罗列与相加,而是作为一体化的'整体模型'来处置的。即便是经济合作与发展组织对'使用工具进行沟通的能力'这一核心素养的范畴界定,也不是单纯地指某些素养的培养,而是同'参与社会、自主思维的能力'联系在一起的。基于核心素养的课程标准不仅强调语言与数学的'硬性能力'——'知道了哪些事实'之类的'硬性知识',而且关注'软性能力'——'能够运用知识解决某种问题的能力',两者不是二元对立的。真正的学习一定是扎根于这样一种过程——通过知识建构的过程,提升学生的革新能力,形成有益于他者的公共知识,并且拥有知识发展的集体责任的过程。"[2]指向核心素养发展的化学课堂教学是以化学学科教学为载体,以化学学科独特的育人价值为体现,培养有社会责任感的时代新人。浙江大学屠莉娅在《从素养表达走向素养实践:聚焦核心素养的课程转化与行动要义》一文中对核心素养做了解释:核心素养的内涵主要指向并涵盖该课程要培

---

[1] 钟启泉.举起"立德树人"的教育旗帜[J].新教师,2019(7):1.
[2] 钟启泉.再谈"核心素养"的界定[J].新教师,2020(1):1.

养学生在核心观念与思维模式、关键能力与实践方式,以及价值观、态度和品格养成各方面发展的要点。① 亚太经合组织对核心素养的界定是:人在特定的情境中引出、运用社会心理资源(包括技能与态度)。北京师范大学何克抗认为,"核心素养的培育过程,也就是各个学科核心素养的培育与形成过程","创新素养是各个学科核心素养都不可或缺的共同要素。事实上,如果某个体具有较高水平的创新素养,就表明他能更有效地解决生活、学习、工作中遇到的各种问题,能更灵活地适应社会发展需求和时代的变化,如果年轻人普遍具有创新素养,就意味着国家将更有实力来应对科技迅猛发展的挑战和综合国力的激烈竞争。可见,不管各个学科核心素养如何界定,如何具有自身的学科特色,其最重要的组成要素都应是创新素养。——这就是学科核心素养的本质特征,也是一般核心素养的本质特征"。②

学科是学生核心素养发展的媒介。学科核心素养是学科育人的终极追求,是学科知识的价值体现。指向核心素养发展的化学课堂应是以学生为主体的课堂,学生是知识探索的先行者。《礼记·学记》云"道而弗牵,强而弗抑,开而弗达"。增加学习的主动性和积极性是学生成长为完整的人的必由之路。高效的课堂教学对开启学生的人生发展之路有重要意义。课堂教学既是学科知识传承的载体,也是通过课程学习来深化学生思维逻辑的重要手段。③ 深化课堂改革即是在教学上做出巨大改变,走出舒适区,是从一

---

① 屠莉娅.从素养表达走向素养实践:聚焦核心素养的课程转化与行动要义[J].教育研究,2023(9):86-96.
② 何克抗.核心素养的内涵、特征及其培育[J].中国教育科学(中英文),2019(3):114-122.
③ 郭华.让学生进入课程:新版义务教育课程标准修订工作心得[J].全球教育展望,2022(4):12-13.

个熟悉、安逸的环境到陌生、充满挑战的环境的转变。教学改革是对社会需求的积极回应,也是为实现学生的稳健发展而做出的适应教学规律的努力。①

教学改革是对教学规律的探索,是对教育发展的积极响应。教育兴则国家兴。教育是创新人才培养的重要路径,创新是国家科学技术进步的重要支撑。"国有贤良之士众,则国家之治厚;贤良之士寡,则国家之治薄。"(《墨子·尚贤上》)积极的课堂教学改革对实现中国式教育现代化有着非凡的意义。课堂改革的基础即是教学设计。"理解为先"的教学模式缔造了新的教学模式,促进了师生的共同成长、共同进步。首先,教师应以学生核心素养的发展为抓手,注重教学的启发性和逻辑性;其次,在实施教学时,教师需要理解课程本身的内在逻辑,提升教学设计水平,服务好每一场教育教学工作。②

3.1 指向核心素养发展的化学教学设计的内涵

3.1.1 "理解为先"的教学设计

(1)"理解为先"的概念

《辞海》对"理解"的解释是:"运用已有知识揭露事物之间的联系而认识该事物的过程。""理解"指的是学习者能够对学科的重要观点得出概括性的结论。理解只能通过有指导的推断获得,也即,教师辅助学习者推断并验证自己的结论,而不是简单地对其进行机械性的灌输。威金斯和麦克

---

① 郭华.教学改革的初心与坚守[J].中小学管理,2021(5):9-12.
② 王峰.核心素养导向的高中化学教师课程实践力提升路径研究[D].上海:华东师范大学,2020.

泰将理解的含义分为解释、释义、应用、洞察、移情、自知6个方面,它们层层递进,相互影响(见图3.1)。理解即是以直白的方式让学生摆脱单纯的识记和背诵,通过加工,将知识内化于心。

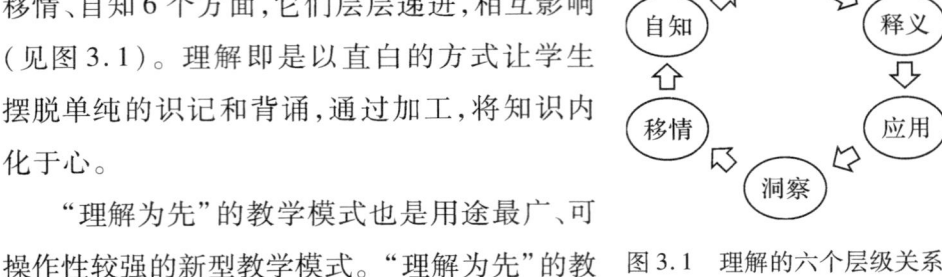

"理解为先"的教学模式也是用途最广、可操作性较强的新型教学模式。"理解为先"的教学设计有别于其他教学设计,它是以框架的形式厘清知识与知识之间的逻辑关系;学生能够对知识进行有效的迁移,继而应用到真实情境中解决实际问题。①

图3.1 理解的六个层级关系

(2)教学设计的内涵

教学设计是以教学内容及承载核心素养的学科知识为载体,组织相应的教学活动和制定合理的教学目标,综合利用各种教学方式和教学策略而进行的一种教学活动。② 教学设计使教学变得有目的性、有顺序性,能整合各种教学资源和教学手段,保证教学活动正常展开和顺利进行。也即,教学设计是一种使教学变得更加有条理的有意义行为。教学设计能够最大限度地整合有效的教学资源,帮助教学者组织合理的教学内容并加以实施,同时也能保障教学顺畅进行。③ 从目的来看,教学设计是为了帮助学习者准确地理解知识,并且通过最高效的方法让他们掌握知识。教学设计需要寻找最

---

① 吴新静,盛群力.理解为先促进设计模式:一种理解性教学设计的框架[J].当代教师教育,2017(2):40-47.
② 王爱富.基于发展学生核心素养的单元教学设计探索[J].化学教学,2017(9):55-59.
③ R.M.加涅,W.W.韦杰,K.C.戈勒斯,等.教学设计原理(第五版修订本)[M].王小明,等译.上海:华东师范大学出版社,2018.

适合的方法,以确保学习者能够在学习过程中获得最大的效益。[①] 中国的教学设计以教育学原理为指导,遵循学科课程标准的内容要求和学业要求,并按照教学目标设计教学活动,以达到教学目的。何克抗指出,教学设计是"运用系统方法,将教学理论与学习理论的原理转换成对教学目标与教学内容的分析、教学策略与教学媒体的选择、教学活动的组织,以及教学评价等教学环节进行具体计划的过程"[②]。在教学设计中,教师应明确教学的重难点与教学方法,对教学过程进行全方位思考。在课程结束后,教师应进行教学反思,评价课堂教学情况。

传统的教学设计在我国一线教师群体中使用较广,接受度较高。其包括以下要点:明确教育目标;根据学生学情确定重难点;选择恰当的教学方法和教学策略;设计教学活动;完成教学评价。

(3)"理解为先"的教学设计的内涵

"理解为先"的教学模式又称逆向教学设计,它是传统教学设计的逆向开展。"理解为先"的教学设计的一般流程如下。

阶段一:确定预期结果。根据教学内容和课程标准的内容要求确定教学目标,根据学生学情设置学生的学习目标。

阶段二:确立评估依据。评价活动包括表现性任务和其他证据,可借助GRASPS工具执行教学任务。表现性任务在真实情境下创设,让学生在实际生活中运用知识解决问题;其他证据则是通过一系列措施来判断学生的表现是否达到教师的期望值,如随堂测验、正式测验、开放式问题、观察报告、家庭作业等。GRASPS工具的具体内容如图3.2所示。

---

① Reigeluth C M. Instructional-design Theories and Models: A New Paradigm of Instructional Theory II [M]. New York: Routledge, 1999.
② 何克抗.也论教学设计与教学论:与李秉德先生商榷[J].电化教育研究,2001(4):3-10.

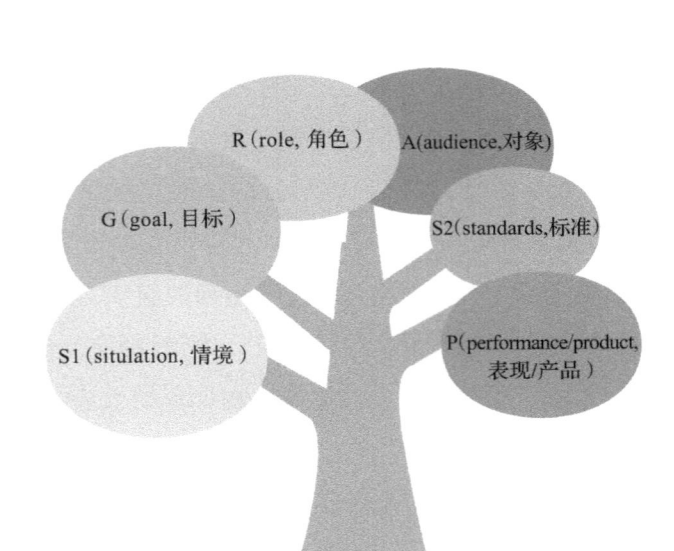

图 3.2　GRASPS 工具的具体内容

阶段三:设计学习体验。教师利用"WHERETO"七元素(见表 3.1)制订教学计划,实施教学活动,以发展学生的关键能力及必备品格。利用"WHERETO"七元素可以帮助学习者在活动中获得持续性的学习体验,更好地进行知识理解。教师在教学设计时如果能够注意到这些元素,就可以更有针对性地设计教学活动,让学生更好地理解知识。在强调"知识理解"而不是"知识灌输"的化学学科学习中,教师重视学生在实验过程中的知识获得感,注重促进学生学习方式的转变,帮助学生进行知识建构。

"理解为先"的教学设计具有较强的情境性及操作性,在提升学生创新能力方面具有重要作用。"理解为先"的教学设计的核心要素包括自主探究和合作学习。教师需要为学生提供必要的支持和指导,帮助他们进行自主探究和合作学习,并引导他们在学习过程中保持积极的心态和乐观的态度。

表 3.1 "WHERETO"七元素释义

要素	含义
W（where/why）	帮助学习者确定学习方向和学习动机
H（hook/hold）	通过有效的课堂设计吸引学生的注意力,使学生始终保持高昂的学习热情
E1（experience/explore）	为学生创设表现性任务,让学生充分体验学习过程,探索可能达到的目标
R（reflect/revison）	学生在学习过程中进行反思,并及时修正不合理的地方
E2（evaluate）	提供多元化的评价方式
T（tailor）	满足学生的个性化要求,合理设计教学活动,激发学生学习兴趣
O（orginaze）	为学生组织"有意义学习",帮助学生深入理解知识内容

3.1.2 "理解为先"的教学模式的理论基础

（1）建构主义学习理论

20 世纪 80 年代,建构主义学习理论在美国兴起。该理论主要由学习观、知识观和教学观三方面的观点构成。学习观和知识观都强调学习经验是学生与外界环境发生交互产生的。学生学习的过程不是教师直接传递、学生被动接受的过程,而是学生能动地进行知识建构的过程。因此,教师在教学中应该尊重学生在知识理解和认知建构过程中的主体地位,不能以统一的标准看待所有的学生,而应将学生的知识背景作为学生的认知活动与知识创造活动的新起点,引导学生在开放式环境下通过亲身实践进行知识的发现、探索和创造,以驱动学生的创新思维等高阶思维的发展。[①] 教学观主张教师应该在学生学习的准备、获得、保持和应用 4 个阶段使用不同的教

---

① 施良方.泰勒的《课程与教学的基本原理》：兼述美国课程理论的兴起与发展[J].华东师范大学学报（教育科学版）,1992(4):1-24.

学方法,注重学生的自主性和发展性,强调师生之间、生生之间的合作学习、共同探究对学生的思维发展的重要性。因此,一方面,教师在教学中要设计与学生的日常生活紧密相关的任务和问题,触发学生的学习兴趣;另一方面,在小组解决问题的过程中,教师应设计富有启发意义的开放题,让学生在相互交流和学习中提升创造力。

(2)成果导向教育理论

成果导向理论(outcome based education,OBE)是一种以学生为本的具有现实意义的教育理念。"成果导向教育"一词首先由威廉·斯派狄(William Spady)提出。斯派狄在其论文中认为,成果导向教育关注的不是学生的学业成绩,而是如何通过一系列的教学活动使学生真正获得能力的提升。成果导向教育理论重视学生能力的发展和教学目标的生成。[1] 可以将成果导向教育理论与"理解为先"的教学模式第一阶段的预期目标相结合,以学生的学习成果可能达到的水平作为教学设计的突破口,完成"理解为先"的教学设计活动。成果导向教育理论关注每一位学生的发展,以学生为中心,注重学生的个体差异,提倡教学有法、学有所思。成果导向教育理论的实施框架如图3.3所示。

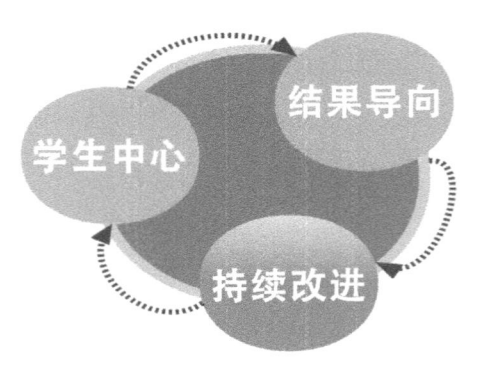

图3.3 成果导向教育理论的实施框架

---

[1] Spady W G. Organizing for results: The basis of authentic restructuring and reform[J]. Educational Leadership,1988,46(2):4-8.

（3）"有意义学习"理论

"有意义学习"理论由美国著名的教育心理学家大卫·奥苏伯尔（David Ausubel）在20世纪60年代提出。奥苏伯尔指出，常规的教学和学习活动带给学生的学习体验较差，表现为学习上的低效率，学生无法在已有的知识经验与新学的知识内容之间建立联系。他将这种无意义的学习称为记忆学习，也称机械学习。这种学习不利于发挥学生的主观能动性，对学生能力的培养并没有实质性作用。具有实际意义的学习是指能帮助学生主动建构知识的学习，即创设情境，帮助学生在新的情境中运用已有知识解决实际问题。换句话说，在"有意义学习"中，学生将认识所学知识的具体内涵——而不是一串毫无意义的字母或者符号，从而认同知识的价值。在新知识与已有经验之间建立联系，使其得到同化，即是奥苏伯尔所说的"有意义学习"。①

奥苏伯尔指出，"有意义学习"并不是简单地识记，而是充分挖掘学生的认知结构，即学生头脑中的已有知识，使之与新的知识形成联系，从而使学生真正地发现知识并理解知识。这需要学生主动地去发现和理解将要学习的知识，并且关注学习材料所包含的意义。在学习过程中，学生持续关注学习材料的意义非常重要，其最终的学习成果也必须是有意义的。教师在教学过程中应该引导学生积极主动地去探索学习材料中的意义，并且根据学生已经掌握的知识基础，帮助学生将新知识与旧知识联系起来。②

"理解为先"的教学模式注重创设真实情境，以真实情境下的表现性任务进行驱动，从而发挥学科的育人价值。学生在执行任务的过程中，形成问题意识，并注重运用头脑中已有知识，借助已有资料及资源，构建框架，解决问题。因此，"理解为先"的教学模式并非将知识进行直接传授，更不是让学

---

① 陈琦,刘儒德. 教育心理学（第3版）[M]. 北京：高等教育出版社,2020.
② 王惠来. 奥苏伯尔有意义学习理论对教学的指导意义[J]. 天津师范大学学报（社会科学版）,2011(2):67-70.

生去记忆知识,而是根据学生的知识经验,设计有意义、有价值的活动,帮助学生理解知识的潜在价值,并形成一种持续性的学习习惯,从而能够更好地建构知识。

(4)情境认知理论与情境学习理论

20世纪80年代,约翰·布朗(John Brown)等学者提出情境认知理论。该理论认为,学习具有情境性、真实性和实践性。情境性,指的是教师传授的知识具有情境性质。情境是学习活动的重要前提。教师在教学活动中应该把教学内容和学生所处环境联系起来。真实性,指真实情境中的学习活动能够促进学生深度学习。实践性,指学生在发现问题和解决问题的过程中掌握知识技能、积累知识经验。情境认知理论试图纠正认知的符号运算方法的失误,特别是完全依靠对于规则和信息描述的认知,而忽略了文化和物理的情境脉络。情境学习理论探讨了知识本质的问题:知识是个人与环境交互的一种状态;知识是基于社会情境的一种活动,而不是一个具体的对象;知识是人类调整自己的行为来适应变化发展的环境的能力。在众多研究中,情境认知和情境学习的概念没有严格意义上的区分,两者的结合可以更好地呈现相关的观点。

情境认知与学习理论对表现型任务驱动教学具有重要的启示作用。在教学过程中,教师应该创设符合学生特征的真实情境,注重问题的探究性,引导学生在问题解决的过程中加强对知识的掌握和应用,从而培养学生的创新思维和核心素养。

3.1.3 "理解为先"的教学模式的可操作性

"理解为先"的教学模式重视创设真实情境,是教师根据已有的资源选择合适的教学方法和实验器材而进行的教学,也是教师拥有极大自主权的有意义的教学。

化学课堂的真实性、生活性与"理解为先"的教学模式相契合。"理解为先"的教学模式的一个特征是：教师在教学设计前预估学生可能的学习结果，根据学生的学情和已有经验，对学生作出明确的学习目标定位。教师在实施教学前关注学生的学情，重视化学教材的知识内容，理解课程标准的内容要求，以制定具有极强针对性的教学目标。

教学评估贯穿于教学的始终，为学生的评价提供持续性的支持。在"理解为先"的教学设计中，表现性任务是以真实情境创设为突破口，教师采用多种评价方式来完成教学，使学生获得持久性的知识体验。这种逆向教学设计以学生为主体，强调发挥学生的主观能动性，以不同情境下的任务驱动提升学生素质，有助于学生在未知情境下运用知识解决实际问题。学生在无形之中提高了问题解决能力，并在解决问题的过程中获得愉悦的学习体验，自我效能感也得到提升。与此同时，教师在回顾已有经验时，对知识与知识的关系进行反复建构，从而熟练应对不同的知识场景，更新教育理念，提升教学水平。教师融合并创造新的教学情境来进行知识传授，获得教学的满足感，继而提升教学幸福感。对于学校而言，采用"理解为先"的教学模式可以有效改进教学策略，提升学校教学质量，提升学校的核心竞争力，打造学校品牌。所以，"理解为先"的教学模式可以使学校、教师、学生形成有机整体，三者相互成就。

"理解为先"的教学模式在知识内容上具有可操作性。化学知识是复杂的、深奥的，也是彼此联系的。以无机化合物为例，"硫及其化合物"是独立的知识体系，但是其学习方法又适用于对"氮及其化合物"的学习。又如，化学反应原理中的平衡移动思想是学生学习的重难点，但是也有突破口，即可以采用恰当的理论模型，并将之与生活中的实际情况相结合。因此，化学知识的学习是建立在真实情境之中的。"理解为先"的教学模式强调依托真实情境，设置多元化的表现任务，鼓励学生去发现问题，设计问题解决路径，最后解决问题。"理解为先"的教学模式的可操作性体现为学科知识内容的可操作性(图3.4),依据是学科知识内容的真实性、实践性、价值性、思维性。

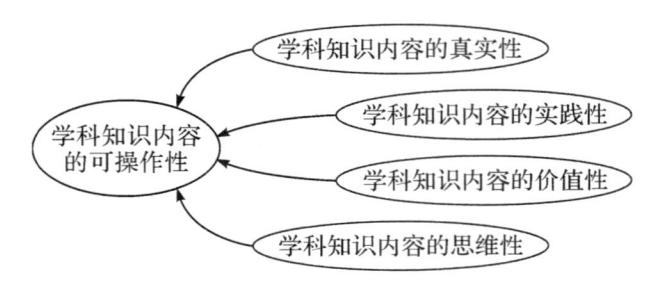

图3.4 学科知识内容可操作性的内涵

"理解为先"的教学模式强调以学生为中心、以促进理解为核心,体现为学生在课堂上的主动参与、学生对学习材料的深入理解以及对所学知识的迁移应用。"理解为先"的教学模式有助于发展学生的核心素养,为教师提供高效的教学策略。教师通过"理解为先"的教学模式强化做中学、用中学、创中学,激发学生的好奇心、想象力、探求欲,提升学生解决实际问题的能力。

3.1.4 "理解为先"的教学模式促进化学学科核心素养的提升

"理解为先"的教学模式是有效落实化学学科核心素养发展的重要举措。新课程标准提出落实核心素养需依托真实情境下的教学,即在真实教学情境下运用化学学科知识来解释某种现象,评估学生在化学学科中形成的关键能力、必备品格与价值观念。学科核心素养的发展需要落实到化学课堂教学的每一分钟,关注学生如何发现问题、思考问题、解决问题,强调学生能够基于已有的知识经验与学到的新知识,对情境化的课堂教学做出准确回应。

基于学科核心素养发展的教学设计,不是简单的知识传授和解题训练,而是有严格的要求。教师应积极思考教学目标与课程主题之间的联系,即教学目标的设置要基于对课程标准的内容分析和对学生学情的分析,从而准确判断学生可以形成的能力、知识结构、核心素养。"理解为先"的教学设计更加关注为何教学、教师教什么、学生学什么的问题,继而关注教师怎么教、学生怎么学等深度问题。只有这样,才能打造高效的化学课堂,真正意义上增强课程实施的整体性、连贯性和全面性。化学学科的知识点多、信息量大,科学合理的教学设计能够帮助学生构建知识联系,明确学习的重难点,把握学科内容的整体与部分的关系。"理解为先"的教学设计流程,如图3.5所示。

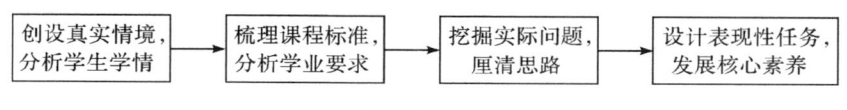

创设真实情境,分析学生学情 → 梳理课程标准,分析学业要求 → 挖掘实际问题,厘清思路 → 设计表现性任务,发展核心素养

图3.5 "理解为先"的教学设计流程

在进行教学设计时,教师应对知识进行深度整合,真正做到层层递进、环环相扣,发展学生的高阶化学学习思维,优化学生的思考方式。传统的教学设计是以节作为独立的单元,教学目标的设置是以本节课的内容为依据,忽视了学生学习的整体性,从而使学生对化学知识的思考停留在表面,无法挖掘更深层的化学知识。因此,化学学科的知识学习应聚焦于化学核心素养发展,聚焦于课程大概念或大单元的教学,将分散的知识内容串联成完整的知识体系,从而使学生树立正确的学科观念。

3.2 构建"理解为先"的化学课堂的具体途径

构建"理解为先"的化学课堂的具体途径包括3种,即教师教育理念的转变、学校信息化教学手段的应用、学生多元化评价体系的构建。

3.2.1 教师教育理念的转变

"理解为先"的化学课堂是教师育人理念的加速器。教学设计是教师执行教师教育理念的重要一环。传统的教学模式是单向教学,即教师讲授、学生机械式学习,与现代社会强调的创新精神与实践能力的培养有些许脱节;"理解为先"的教学模式既强调教师的主导作用,又注重学生的学习体验,强调做中学、做中思,重视实践感知。

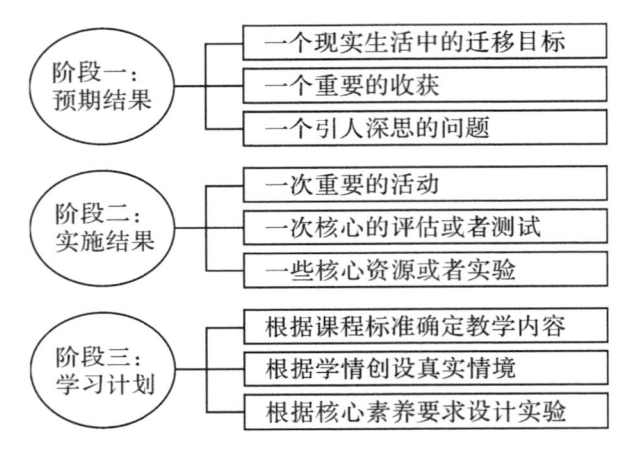

```
阶段一:          ┌─ 一个现实生活中的迁移目标
预期结果    ─────┼─ 一个重要的收获
                 └─ 一个引人深思的问题

阶段二:          ┌─ 一次重要的活动
实施结果    ─────┼─ 一次核心的评估或者测试
                 └─ 一些核心资源或者实验

阶段三:          ┌─ 根据课程标准确定教学内容
学习计划    ─────┼─ 根据学情创设真实情境
                 └─ 根据核心素养要求设计实验
```

图 3.6 "理解为先"的教学模式的实施流程

从"理解为先"的教学模式的实施流程(见图 3.6)可知,教学设计应注重启发性、情境性和真实性,教学评价应贯穿于教学的始终。化学课堂所承担的任务是发展学生化学学科核心素养,以适应不断革新的教学方法和教育理念。这里对"理解为先"的教学设计与传统教学设计进行比较,详见表 3.2。

表 3.2 "理解为先"的教学设计与传统教学设计的比较

对比项	传统教学设计	"理解为先"的教学设计
教学的基本单位	具体的某一节课	相互联系的知识内容
教学方法	以讲授法为主	采用启发式教学,注重学生参与

续表

对比项	传统教学设计	"理解为先"的教学设计
教学目标的设置	三维目标,即知识技能、过程与方法、情感态度与价值观	形成学科核心素养
教学时长	一节课	将相互联系的知识内容拆分到每一个课时之中
教学主体	教师	以学生为主体,以教师为主导
教学过程	教材知识的罗列	确定预期结果,确立评估依据,设计学习体验
育人价值体现	注重三维目标的实现,关注学生的知识体验	注重学生的全面发展;核心素养的发展与教学设计紧密联系;注重知识与生活的联系
教学满意度	教师停留于具体知识的讲解,学生无法形成知识框架	学生能够掌握系统性的知识,核心素养的发展程度较高
评价方式	采用纸笔测验或者档案袋评价,评价方式较单一,学生的个性特点不易被发现	采用多元化评价体系,以核心素养水平作为主要评价依据,辅以纸笔测验等多种评价方式,关注每一位学生的成长

3.2.2 学校信息化教学手段的应用

科学技术已经渗透到社会各个领域。在教育领域,信息化教学手段的引入已经成为提升课堂教学质量、培养学生创新能力和实践能力的重要途径。

首先,信息化教学手段的应用有助于提高教学效率。传统的教学方式往往依赖于教师口头讲解和板书,学生容易分心,难以充分吸收和理解教学内容。但借助信息技术手段,如多媒体展示等,教师可以直观、生动地嵌入表现性任务,提高学生的学习兴趣和参与度,从而提高教学效率。此外,借助信息化教学手段,可以实现教学资源的共享和传播,使教师和学生可以随时随地获取和利用教学资源,进一步提高了教学效率。

其次，信息化教学手段的应用有助于提高教学质量。传统的教学方式往往存在教学内容陈旧、教学方法单一、教学手段落后等问题，导致教学质量不高。但借助信息技术手段，教师可以更加灵活地选择教学方法，提高教学效果。此外，借助信息化教学手段，可以实现教学评价的客观、公正、准确，使教师和学生能更好地了解教学效果与学习效果，从而进一步提高教学质量。

最后，信息化教学手段的应用有助于培养学生的创新能力和实践能力。传统的教学方式往往注重知识的传授和技能的培养，忽视了学生的创新能力和实践能力的培养。但借助信息技术手段，教师可以设计更加生动有趣的教学活动，激发学生的学习兴趣和创造力，培养学生的创新能力和实践能力。

信息化教学手段具有以下几个特征：

①互动性：信息化教学手段可以实现教师与学生之间的互动，如在线答疑、在线讨论、在线交流等，有利于提高学生的参与度和学习效果。

②个性化：信息化教学手段可以根据学生的不同需求和特点，提供个性化的教学内容和教学方案，有利于提高学生的学习兴趣和效果。

③高效性：信息化教学手段可以实现教学资源的共享和优化，提高教学效率和质量，有利于实现教学目标。

④可控性：信息化教学手段可以实现教学过程的监控和管理，如教学数据的收集、分析、评估等，有利于提高教学质量和效果。

信息化教学手段是一种现代化的教学方式，具有互动性、个性化、高效性和可控性等特征。信息化教学手段的应用在提高教学效率、提高教学质量、培养学生的创新能力和实践能力等方面具有重要的作用。因此，教育工作者应该积极运用信息技术手段，构建高效课堂，提高教学质量，促进学生核心素养的发展。

3.2.3 学生多元化评价体系的构建

以表现性任务进行驱动,以其他证据作为辅助证据,对学生的学习能力与核心素养发展进行准确、系统性的评价,有利于推动学生的全面发展。多元化评价体系的构建是对"理解为先"化学课堂建设的有力支持。多元化评价体系更加全面地反映了学生的学习效果和能力水平,可以更准确地评估学生的综合素质。一方面,多元化评价体系强调学生的自主学习、合作学习、探究学习等方面的能力,可以更好地促进学生的全面发展;另一方面,多元化评价体系可以更好地激发学生的学习兴趣和动力,提高学生学习的积极性和主动性。随着教育改革的不断深入,教育评价体系也逐步完善。传统的单一评价体系已经不能满足现代教育发展的需要,因此,多元化的评价体系对构建"理解为先"的化学课堂具有重要价值。一方面,传统评价体系以学生成绩作为衡量学生能力、智力、素养高低的主要依据。采用传统评价体系可能会制约学生的全面发展。另一方面,传统评价体系更关注学业成绩而忽视学生的道德观、价值观等的教育。这里对传统评价体系与多元化评价体系进行比较(见表3.3),探究对学生发展更有积极意义的评价方式。

表3.3 传统评价体系与多元化评价体系的比较

对比项	传统评价体系	多元化评价体系
评价指标	学业成绩	学生的综合素质、创新能力、团队合作能力等多方面因素
评价方法	考试成绩	学业成绩、兴趣爱好、个性特征等
评价过程	以教师评价为主;具有主观性	采用家长参与、学生互评、教师评价等多种方式;具有民主性
评价结果	以成绩为主要依据;具有短期性	分为多个等级或维度,关注学生在知、情、意、行各方面的发展情况;具有持续性

通过对比不难发现,多元化评价方式对学生的发展更加有利,对教育评价具有正向意义。

第一,构建多元化评价体系的意义在于增强教育评价的客观性。传统的单一评价方式往往容易受到主观因素的影响,导致评价结果存在偏差。多元化评价体系则可以从多个维度对学生进行全面的评价,减少主观因素对评价结果的影响,增强了评价的客观性。

第二,构建多元化评价体系的意义在于增强教育评价的公正性。多元化的评价体系可以充分考虑学生的个体差异,避免评价过程中出现不公平现象。例如,在评价学生的学业成绩时,可以采用多种评价方法,如考试成绩、课堂表现、作业质量等,以全面、客观地评价学生的学习效果。

第三,构建多元化评价体系的意义还在于增强教育评价的有效性。多元化的评价体系可以激发学生的学习兴趣,提高学生的学习积极性。

构建学生多元化评价体系具有重要的理论意义和实践意义。它不仅可以增强教育评价的客观性、公正性和有效性,还可以激发学生的学习兴趣,提高教师的教学水平,为我国的教育评价改革提供理论支持和实践指导。

附录

《中国学生发展核心素养》总体框架

中国学生发展核心素养,以科学性、时代性和民族性为基本原则,以培养"全面发展的人"为核心,分为文化基础、自主发展、社会参与三个方面。

综合表现为人文底蕴、科学精神、学会学习、健康生活、责任担当、实践创新六大素养,具体细化为国家认同等十八个基本要点。根据这一总体框架,可针对学生年龄特点进一步提出各学段学生的具体表现要求。

总体框架

一、基本内涵

核心素养课题组历时三年集中攻关,并经教育部基础教育课程教材专家工作委员会审议,最终形成研究成果,确立了以下六大学生核心素养。

(一)文化基础

文化是人存在的根和魂。文化基础,重在强调能习得人文、科学等各领域的知识和技能,掌握和运用人类优秀智慧成果,涵养内在精神,追求真善美的统一,发展成为有宽厚文化基础、有更高精神追求的人。

1.人文底蕴。主要是学生在学习、理解、运用人文领域知识和技能等方面所形成的基本能力、情感态度和价值取向。具体包括人文积淀、人文情怀和审美情趣等基本要点。

2.科学精神。主要是学生在学习、理解、运用科学知识和技能等方面所形成的价值标准、思维方式和行为表现。具体包括理性思维、批判质疑、勇于探究等基本要点。

（二）自主发展

自主性是人作为主体的根本属性。自主发展，重在强调能有效管理自己的学习和生活，认识和发现自我价值，发掘自身潜力，有效应对复杂多变的环境，成就出彩人生，发展成为有明确人生方向、有生活品质的人。

3. 学会学习。主要是学生在学习意识形成、学习方式方法选择、学习进程评估调控等方面的综合表现。具体包括乐学善学、勤于反思、信息意识等基本要点。

4. 健康生活。主要是学生在认识自我、发展身心、规划人生等方面的综合表现。具体包括珍爱生命、健全人格、自我管理等基本要点。

（三）社会参与

社会性是人的本质属性。社会参与，重在强调能处理好自我与社会的关系，养成现代公民所必须遵守和履行的道德准则和行为规范，增强社会责任感，提升创新精神和实践能力，促进个人价值实现，推动社会发展进步，发展成为有理想信念、敢于担当的人。

5. 责任担当。主要是学生在处理与社会、国家、国际等关系方面所形成的情感态度、价值取向和行为方式。具体包括社会责任、国家认同、国际理解等基本要点。

6. 实践创新。主要是学生在日常活动、问题解决、适应挑战等方面所形成的实践能力、创新意识和行为表现。具体包括劳动意识、问题解决、技术应用等基本要点。

二、主要表现

"中国学生发展核心素养"的六大素养十八个基本要点的主要内涵和重点到底包括哪些呢？

(一)文化基础——人文底蕴

1.人文积淀。重点是:具有古今中外人文领域基本知识和成果的积累;能理解和掌握人文思想中所蕴含的认识方法和实践方法等。

2.人文情怀。重点是:具有以人为本的意识,尊重、维护人的尊严和价值;能关切人的生存、发展和幸福等。

3.审美情趣。重点是:具有艺术知识、技能与方法的积累;能理解和尊重文化艺术的多样性,具有发现、感知、欣赏、评价美的意识和基本能力;具有健康的审美价值取向;具有艺术表达和创意表现的兴趣和意识,能在生活中拓展和升华美等。

(二)文化基础——科学精神

1.理性思维。重点是:崇尚真知,能理解和掌握基本的科学原理和方法;尊重事实和证据,有实证意识和严谨的求知态度;逻辑清晰,能运用科学的思维方式认识事物、解决问题、指导行为等。

2.批判质疑。重点是:具有问题意识;能独立思考、独立判断;思维缜密,能多角度、辩证地分析问题,做出选择和决定等。

3.勇于探究。重点是:具有好奇心和想象力;能不畏困难,有坚持不懈的探索精神;能大胆尝试,积极寻求有效的问题解决方法等。

(三)自主发展——学会学习

1.乐学善学。重点是:能正确认识和理解学习的价值,具有积极的学习态度和浓厚的学习兴趣;能养成良好的学习习惯,掌握适合自身的学习方法;能自主学习,具有终身学习的意识和能力等。

2.勤于反思。重点是:具有对自己的学习状态进行审视的意识和习惯,善于总结经验;能够根据不同情境和自身实际,选择或调整学习策略和方法等。

3.信息意识。重点是:能自觉、有效地获取、评估、鉴别、使用信息;

具有数字化生存能力,主动适应"互联网+"等社会信息化发展趋势;具有网络伦理道德与信息安全意识等。

(四)自主发展——健康生活

1. 珍爱生命。重点是:理解生命意义和人生价值;具有安全意识与自我保护能力;掌握适合自身的运动方法和技能,养成健康文明的行为习惯和生活方式等。

2. 健全人格。重点是:具有积极的心理品质,自信自爱,坚韧乐观;有自制力,能调节和管理自己的情绪,具有抗挫折能力等。

3. 自我管理。重点是:能正确认识与评估自我;依据自身个性和潜质选择适合的发展方向;合理分配和使用时间与精力;具有达成目标的持续行动力等。

(五)社会参与——责任担当

1. 社会责任。重点是:自尊自律,文明礼貌,诚信友善,宽和待人;孝亲敬长,有感恩之心;热心公益和志愿服务,敬业奉献,具有团队意识和互助精神;能主动作为,履职尽责,对自我和他人负责;能明辨是非,具有规则与法治意识,积极履行公民义务,理性行使公民权利;崇尚自由平等,能维护社会公平正义;热爱并尊重自然,具有绿色生活方式和可持续发展理念及行动等。

2. 国家认同。重点是:具有国家意识,了解国情历史,认同国民身份,能自觉捍卫国家主权、尊严和利益;具有文化自信,尊重中华民族的优秀文明成果,能传播弘扬中华优秀传统文化和社会主义先进文化;了解中国共产党的历史和光荣传统,具有热爱党、拥护党的意识和行动;理解、接受并自觉践行社会主义核心价值观,具有中国特色社会主义共同理想,有为实现中华民族伟大复兴中国梦而不懈奋斗的信念和行动。

3. 国际理解。重点是:具有全球意识和开放的心态,了解人类文明进程和世界发展动态;能尊重世界多元文化的多样性和差异性,积极参与跨文化交流;关注人类面临的全球性挑战,理解人类命运共同体的内涵与价值等。

(六)社会参与——实践创新

1. 劳动意识。重点是:尊重劳动,具有积极的劳动态度和良好的劳动习惯;具有动手操作能力,掌握一定的劳动技能;在主动参加的家务劳动、生产劳动、公益活动和社会实践中,具有改进和创新劳动方式、提高劳动效率的意识;具有通过诚实合法劳动创造成功生活的意识和行动等。

2. 问题解决。重点是:善于发现和提出问题,有解决问题的兴趣和热情;能依据特定情境和具体条件,选择制定合理的解决方案;具有在复杂环境中行动的能力等。

3. 技术运用。重点是:理解技术与人类文明的有机联系,具有学习掌握技术的兴趣和意愿;具有工程思维,能将创意和方案转化为有形物品或对已有物品进行改进与优化等。

4 基于"理解为先"理论的高中化学教学设计

目前,高中化学教学模式存在一些问题。例如,传统的课堂教学注重知识的灌输和应试训练,在培养学生创造性思维和实际动手能力等方面存在明显不足。针对这些问题,许多研究者提出了改革高中化学教学的方法和理论,其中包括"理解为先"理论。"理解为先"理论强调教学应该以学生的理解为中心,鼓励学生通过理解和应用知识来解决实际问题。"理解为先"理论已经在许多学科领域得到应用,并取得了显著的成效。许多研究表明,基于"理解为先"理论的教学模式能够激发学生的学习兴趣和动机,提高学生的学习效果和学习质量。以"理解为先"理论为指导,教师可以更好地进行课程设计和教学活动的策划,使学生更深入地理解化学知识,提高解决问题的能力和创新思维水平。基于"理解为先"理论的高中化学教学改革是十分必要且有潜力的。本章重点探讨如何将"理解为先"理论应用于高中化学教学,以及基于"理解为先"理论的高中化学教学改革对学生学习质量的积极作用。

4.1 高中化学教学设计的原则

在高中化学教学中,"理解为先"理论为教学改革提供了重要指引。

第一,教学设计的核心要素是学生对知识的深刻理解。化学作为一门抽象的科学,要求学生不仅掌握表面知识,更要理解其背后的原理和现象。

因此，教学设计应着重培养学生的理解能力，引导他们对知识进行更深层次的思考，并能将所学知识应用于实际问题的解决过程，从而培养学生的批判性思维。

第二，"理解为先"理论强调学生的主动学习。教学设计应以学生为中心，通过激发学生的学习兴趣和主动性，引导他们积极参与课堂活动。在化学教学中，实验活动是非常重要的一环。通过设计具有探究性质的实验，可以培养学生的实验操作能力和观察分析能力。同时，教学设计还可以采用情境教学、小组讨论、问题解决等方式，引导学生主动思考，增强他们的自主学习能力。

第三，清晰的目标和评价体系是教学设计的重要原则。教学目标应该明确、具体，使学生知道他们要学什么，为学习制订合理的计划、设计科学的策略。评价体系应该全面，既要考查学生对理论知识的掌握程度，也要评价他们的实践操作能力和问题解决能力。评价不仅是对学生学习成果的总结，更应该具有反馈功能，帮助学生认识到自己的不足，指导他们进一步提高。

第四，知识整合和应用是"理解为先"理论的重要原则。化学知识通常分散在不同的领域和章节中，教学设计应该注重知识的整合，帮助学生看到知识之间的内在联系，理解知识的体系与结构。同时，学生通过实际问题的解决，将所学知识运用到实际生活中，提高了综合分析能力和解决问题的能力。

第五，多元化的教学资源在"理解为先"理论中占据重要地位。教师可以充分利用多媒体、实验设备、模型、图表等资源，使学生能够直观地感受化学知识的魅力，提高他们的学习兴趣。教师还可以利用互联网和电子资源进行课外拓展，帮助学生获取更广泛的信息和知识，培养他们的自主学习能力。

综合而言,基于"理解为先"理论的高中化学教学设计应以学生的深刻理解和主动学习为核心,明确教学目标,建立全面的评价体系,注重知识整合和应用,充分利用多元化的教学资源,从而促使学生在化学学习中取得更好的成绩,达到更高的认知水平。

4.1.1 逆向设计原则

逆向设计原则是基于"理解为先"理论的高中化学教学改革中的核心概念。它强调教学设计应该从学生的理解目标出发,逆向规划教学过程,以促进学生对知识的深刻理解和综合应用能力的提升。

第一,逆向设计原则要求教师明确学生应该达到的理解目标。这涉及化学概念、原理和实验技能等方面。教师要明确理解目标的层次和要求,从而能够在教学设计中具体安排教学内容、教学活动和评价方式。

第二,逆向设计原则要求教师确定关键问题和课程内容。关键问题是教师策划教学活动的出发点。它能够引导学生思考和探究化学现象、理论及实验结果。关键问题与理解目标紧密相关,能够帮助学生理解和应用化学知识。教师对课程内容的选择要围绕关键问题,确保有针对性地帮助学生掌握所需知识和技能。

第三,逆向设计原则要求教师设计合适的评价方式。评价方式应该与理解目标和关键问题相契合,能够全面评估学生的学习成果。形成性评价可以帮助学生及时发现问题和纠正错误,引导他们不断进步;总结性评价则用于检验学生对化学概念、技能和实践的理解和应用能力。

第四,逆向设计原则要求教师制定科学的教学策略。教学策略应根据理解目标、关键问题和评价方式来制定,确保学生在教学过程中能够逐渐理解和掌握化学知识,并能够运用知识解决问题。教学策略包括引入概念的情境教学、自主学习的任务设计、实验和观察分析的操作练习等。在基于逆向设计原则的教学的实施过程中,教师需要积极引导学生,激发他们的兴趣和主动学习的热情。教师可以通过合作学习、探究性学习和项目学习等多种教学方法,使学生积极参与化学学习并注重理解能力和应用能力的培养。

第五,逆向设计原则要求教师进行教学过程的反思和调整。教师需要不断反思教学的效果,根据学生的表现和反馈信息,对教学设计进行调整和改进。教师对教学过程的反思和调整,有助于学生的学习成绩和理解水平的提升。

总而言之,逆向设计原则是基于"理解为先"理论的高中化学教学改革的重要指导原则。其强调从学生的理解目标和学习需求出发,通过教学设计、教学评价方式和教学策略的精心选择,帮助学生达到深刻理解化学知识并能综合应用化学知识的目标。这一原则的应用能够提升高中化学教学的质量和效果,培养学生的高阶思维和科学素养。

4.1.2 "有意义学习"原则

"有意义学习"是基于"理解为先"理论的高中化学教学改革的核心设计原则。它强调教学的目标应该是学生能够在实际生活中理解和应用化学知识,而不仅仅是识记和机械式地运用化学知识。

第一,"有意义学习"原则强调化学知识与学生生活经验和实际问题的联系。教师应该从学生的生活中找到与化学知识相关的实际问题和场景,引发学生的兴趣和好奇心。教师通过将化学知识与实际问题相结合,使学生能够理解化学知识的实际应用价值,增强他们学习化学的动机和积极性。

第二,"有意义学习"原则强调理解的重要性。化学是一门理解型学科,学生需要理解不同概念之间的关系、物质的性质和化学现象的原理等。教师应通过引导学生深入思考,帮助他们理解化学知识的内在逻辑和规律。教师可以通过情境教学、探究性学习和讨论等方式,鼓励学生积极思考和提问,培养他们的批判性思维和解决问题的能力。

第三,"有意义学习"原则强调学生的主动参与和合作学习。教师应该创设丰富的教学环境,鼓励学生积极参与课堂活动,并通过合作学习促进学生之间的互动,使学生能够共同建构知识。合作学习可以激发学生之间的思想碰撞和合作精神,培养他们在团队中合作解决问题的能力。

第四,"有意义学习"原则强调知识的综合应用能力的培养。化学课堂不仅要教给学生化学知识和理论,更要培养学生将知识应用于实际问题解决的能力。教师应设计开放性的学习任务,引导学生运用所学化学知识分析和解决实际问题。通过实际问题的解决,学生能够更好地理解和掌握化学知识,提高综合分析和解决问题的能力。

第五,"有意义学习"原则强调培养学生的学习兴趣和学习习惯。教师应该通过多样化的教学方法和资源,激发学生的学习兴趣,使他们在学习中保持积极向上的态度。同时,教师还应引导学生养成科学的学习习惯,培养其独立学习和自主思考的能力。例如,学生能够合理安排学习时间,能够制订较为科学的学习计划。

总而言之,基于"理解为先"理论的"有意义学习"原则,强调化学教学应该从实际问题出发,引导学生理解化学概念和原理的内在联系,并能够将所学知识应用于实际问题的解决。这一原则的应用有助于提升高中化学教学的质量和效果,培养学生的批判性思维、合作学习能力和综合应用能力,为其未来的学业发展和职业发展奠定坚实的基础。

4.1.3 系统性、科学性原则

在运用"理解为先"的教学模式进行教学设计时,需要将整个教学过程看作一个完整且连贯的系统来考虑。在设计时需要遵循系统性原则进行设计,对教学设计进行统筹协调。"理解为先"的教学模式中的3个设计步骤是一个有机的系统。它与传统的教学设计方法不同,是一种逆向的教学设计过程。首先,通过确定学习结果来明确落脚点,为后续步骤的实施保驾护航。其次,设立具体的评价方案,评估学生是否达到预期的目标,使学习结果可以测量。最后,就学习结果和测量方式进行思维发散,联系各种教学材料和生活中与知识点相关的场景,设计能够让学生运用知识点的挑战性任务,使教学目标能够真正达成。因此,基于"理解为先"理论的教学设计,每一步都相互联系,要求教师在进行教学设计时将每个步骤与其他部分关联起来,使每个步骤都能为整个教学服务,从而获得最佳的教学效果。

  在运用"理解为先"的教学模式进行教学设计时,需要同时注重科学性。科学性指的是在教学设计中遵循一定的科学理论,以严谨的态度进行教学设计。在整个教学设计过程中,要始终关注最新的高中化学课程标准,严格遵守课程标准的要求;同时,注重学生的核心素养培养,让学生的知识水平得到提高,技能得到加强,培养学生对科学知识的积极态度,帮助学生树立正确的价值观。在教学过程中,还需要考虑学生本身的具体情况。不同班级之间和同一个班级内部的学生在能力上存在差异,不能将学生简单地视为符号,而是要综合考虑学生的性格、知识接受能力等多个方面,帮助每个学生最大限度地理解知识。

  "理解为先"的教学模式引入我国的时间相对较晚,目前仍然是一种比较新的教学理论。在化学学科方面,与"理解为先"的教学模式相关的研究依然屈指可数。一线化学教师在进行教学设计时,有可能并没有对"理解为先"理论形成较全面的认识。如果没有扎实的教育学知识或高校人员的指导,很容易出现教学设计的偏差。教师在使用该理论时容易出现囫囵吞枣的现象。这样不仅会导致教学设计出现问题,还会使学生在学习中遇到困难,丧失课堂兴趣。因此,教师在使用该理论之前,需要认真阅读相关的文献,必要时可与高校教育研究人员共同探讨,尽可能设计合理而科学的教学方案。

4.2 基于"理解为先"理论的单元教学与化学学科核心素养的关系

4.2.1 化学学科核心素养是"理解为先"理论与单元教学整合的依据

基于"理解为先"理论的单元教学是一种有效的教学模式,化学学科核心素养则是"理解为先"理论与单元教学整合的依据。化学学科核心素养是指学生在化学学科中需要具备的基本知识、技能和思维能力,是学生学习化学的核心目标。

第一,"理解为先"理论强调教学设计应该以学生的理解为核心。单元教学作为"理解为先"理论的实施工具,是指将化学课程内容划分成一个个相对独立的单元,以便深入探究和理解学科知识。通过单元教学,学生可以逐步理解和掌握化学概念、原理和实验技能,从而更深刻地理解化学知识。

第二,单元教学有助于整合化学学科的不同知识点。化学学科的知识点通常是相互关联的。单元教学能够将不同知识点有机地结合起来,帮助学生理解化学知识的整体框架和内在联系。通过进行相关实验、解决实际问题或开展项目学习,学生能够在实践中探索和应用所学知识,加深对化学学科的综合理解。

第三,化学学科核心素养涉及学生的实验操作能力和观察分析能力。单元教学中可以融入实验环节,帮助学生培养实验操作能力和观察分析能力。通过实验活动,学生能够亲身参与化学实验,观察实验现象,提取数据,并进行数据分析和解释,从而提高实际操作能力和观察分析能力。

第四,化学学科核心素养涉及学生的批判性思维能力和创新能力。单元教学可以通过引导学生主动思考和探究,从而能够培养学生的批判性思维能力和创新能力。教师可以设计开放性问题,引导学生自主探究和解决问题,提高学生的自主学习能力和解决问题的能力。

第五,单元教学可以促进学生的综合应用能力的发展。化学学科核心素养要求学生能够将所学知识应用于实际问题的解决,单元教学可以设计相关的应用任务,引导学生将所学的化学知识应用于实际情境。通过解决实际问题和开展项目式学习,学生能够运用所学知识和技能,提高综合应用能力。

总而言之,通过单元教学,学生可以深入理解和掌握化学知识,培养实验操作能力、观察分析能力、批判性思维能力和综合应用能力等核心素养。这样的教学模式能够增强化学学习的实效性和学生的学习兴趣,为其未来的学业发展和职业发展奠定坚实的基础。

4.2.2 基于"理解为先"理论的单元教学有助于提升学生的核心素养

基于"理解为先"理论的单元教学是一种以理解为核心、以核心素养培养为中心的教学模式,其在高中化学教学中的应用有助于提升学生的核心素养。

第一,"理解为先"理论强调以理解为学习的核心,单元教学则是一种按照问题和主题进行整合的学习策略。通过单元教学,教师可以将化学学科的内容划分为一个个相对独立的学习单元,每个单元都以一个核心问题或主题为中心,帮助学生逐步深入理解和掌握化学知识。这样的教学模式有助于减少碎片化的学习,培养学生对知识的整体性理解能力和综合应用能力。

第二,基于"理解为先"理论的单元教学能够促进学生的综合思考能力和创新能力的培养。在每个单元的学习过程中,教师可以设计开放性问题和探究性任务,引导学生进行思考、讨论和实践,激发他们的批判性思维和创新意识。通过解决问题和开展项目式学习,学生能够从多个角度和不同层面来理解和应用化学知识,提高综合思考能力和创新能力。

第三,基于"理解为先"理论的单元教学有助于培养学生的实践操作能力和实验能力。在每个单元的教学设计中,教师可以融入实验活动,并结合问题探究和理论学习，使学生能够亲身参与化学实验，观察和分析实验现象，建立相应的理论模型。这种综合的实验学习可以提升学生的实践操作技能、观察分析能力和科学思维能力。

第四，基于"理解为先"理论的单元教学有助于培养学生的合作学习能力和交流能力。在每个单元的学习过程中，教师可以设计合作学习任务，让学生以小组形式合作解决问题和完成任务。通过合作学习，学生能够相互交流和分享自己的理解和观点，共同探索和解决问题，培养合作学习能力和交流能力。

第五，基于"理解为先"理论的单元教学有助于将学习与现实生活和实际应用相连接。在每个单元的教学中，教师可以引入与学生生活密切相关的实际问题和情境，让学生能够将所学的化学知识应用于实际问题的解决。这种方式可以增强学生对化学学科的兴趣和认同感，增强学习的实际意义。

综上所述，通过"理解为先"的教学模式，学生能够更好地理解和掌握化学知识，培养综合思考能力和创新能力，提升实践操作能力和实验能力，培养合作学习能力和交流能力，并将学习与现实生活和实际应用相连接。这样的教学模式能够提升学生的学习效果和学科素养，为学生的终身学习和职业发展打下坚实的基础。

4.3　高中化学教学设计的流程及操作

4.3.1　选择合适的教学策略

教学策略是基于"理解为先"理论的高中化学教学改革的重要环节，涉及教师在教学设计过程中的流程和具体操作方式。教学设计策略实施的基本原则能够指导教师更好地开展教学活动，提高教学效果。下面是对这些基本原则的详细论述。

第一,学生中心原则。这一原则强调学生是学习的主体,教师应该以学生为中心来设计和实施教学策略。首先,教师应该根据学生的兴趣、需求和能力来调整教学内容和方法,根据课程标准和教材内容选择合适的教学资源,创设适宜的情境,以提高学生的学习兴趣和动力。其次,教师应该关注学生的自主学习能力和合作学习能力,鼓励学生积极参与教学过程。

第二,教学目标导向原则。教学目标的设定依据是学生的学情和课程标准的内容要求。教学目标的明确性、系统性和科学性是教师应该思考的重要方面。教学目标导向原则同样强调教师的主导地位。教学目标是教师根据本班的真实学情进行制定的,并根据这些教学目标来确定教学计划和教学内容。教师注重教学目标的实现和教学评估的准确性评估,增强了教学的针对性和操作性。

第三,教师主导原则。尊重教师在教学中的主导地位是教学的重要保障。教师丰富的知识和熟练的实验技能,是其指导学生学习化学知识的基础。在课程实施过程中,教师通过合理的情境创设,可以帮助学生高效地掌握知识和技能。教师在课堂教学中的主导地位要求教师在授课之前做好准备工作。例如,选择合适的教学方法和材料,考虑不同学生的学习能力和学生水平的差异,并能在教学过程中给予学生及时的反馈和准确的指导。教学方法的多样性和创新性是确保教师主导地位的又一重要因素,也是增强学生的学习兴趣和自我效能感的强有力的保证。

第四,多元化的教学评价原则。多元化的教学评价体系构建是学生全面发展的基础。教育应充分发挥其重要的价值引领作用,为党和国家培养堪当民族复兴重任的时代新人。构建多元化的教学评价体系的前提是教学评价的客观性、公正性、全面性。教师应该根据教学目标和教学内容以及普通高中化学课程标准来制定评价标准和方法,时刻注重教学过程的评价与反思，以求更好地发挥教学策略的实际价值。教师应注重评价方式的多元化和综合性，更有效地提高学生的学习效果和教学质量。

教学策略实施的基本原则包括学生中心原则、教学目标导向原则、教师主导原则、多元化的教学评价原则等。在实施教学策略时，教师应该注重学生的全面发展，注重教学目标的实现和评估，注重教学方法的多样性和创新性，注重评价的客观性、公正性、全面性，从而更有效地提高学生的学习效果和教学质量。教学设计的步骤见图4.1。

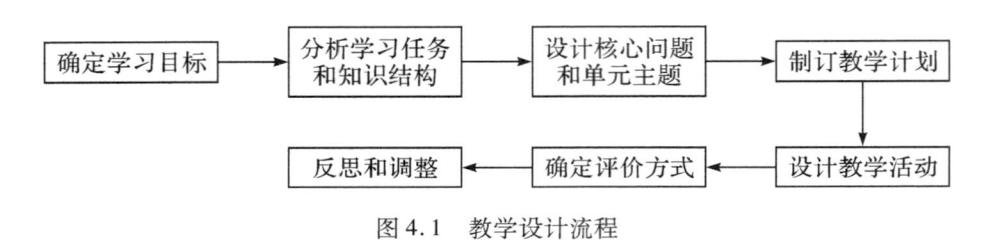

图4.1　教学设计流程

依据吕世虎等制定的单元教学设计流程①，得到如下实施步骤（见图4.2）。

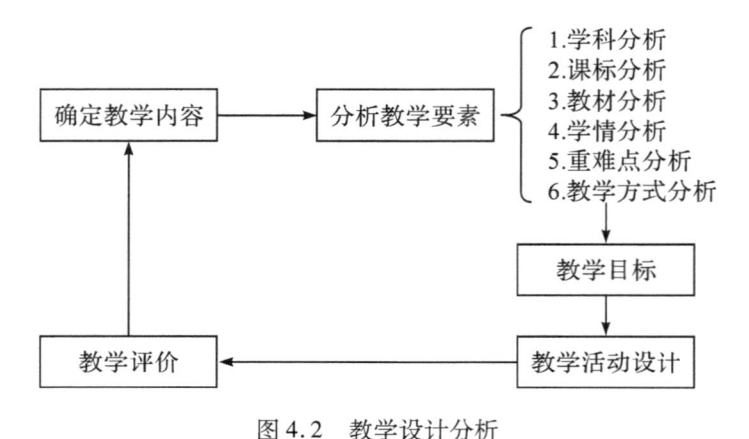

图4.2　教学设计分析

---

① 吕世虎，吴振英，杨婷，等.单元教学设计及其对促进数学教师专业发展的作用[J].数学教育通报，2016(10):16-21.

吕世虎等将完整的教学流程细化,从而更好地把控化学课堂,预测化学课堂可能发生的状况。对吕世虎等提出的教学设计流程进行加工,得到如下7个方面的内容。

①确定学习目标。学习目标是教学设计的基础,教师首先需要确定化学教学的学习目标。学习目标应该明确、具体,涵盖知识、技能和能力的层次。教师可以参考相关的教学标准和课程要求,同时考虑学生的年级水平和学习需求,确保学习目标能够合理地促进学生成长与发展。

②分析学习任务和知识结构。确定学习目标后,教师需要分析学习任务和知识结构,找出关键概念和基本原理,并确定其在课程中的教学顺序。教师可以借助课程大纲、教材和参考资料等资源,逐步明确学习内容的重要程度和先后关系,确保知识结构的逻辑性和连贯性。

③设计核心问题或主题。核心问题或主题是教学设计的驱动力,可以激发学生的思维和学习动力。教师可以根据学习目标和课程内容,设计大问题或主题,引导学生进行思考与探究。通过对核心问题或主题的解答,学生能够深入理解和运用化学知识,并培养批判性思维能力和问题解决能力。

④制订教学计划。教学计划是教师将核心问题或主题转化为具体教学活动的框架。教师可以按照时间安排和学习内容,制订每堂课的教学计划。教学计划应包括教学目标、教学活动、教学资源、评价方式等要素。教师可以根据课堂时间的分配,灵活选择不同的教学方法和教学资源,确保教学活动的多样性和学生的积极参与。

⑤设计教学活动。教学活动是实现学习目标的具体手段。教师需要根据教学计划,设计多样化的教学活动。教学活动可以包括问题解决、实验操作、小组讨论、情境模拟、案例研究等。教师还可以利用多媒体、模型、实物等教学资源,增加教学的趣味性和互动性。教师应注重培养学生的实践操作能力、观察分析能力、批判性思维能力和协作能力等核心素养。

⑥确定评价方式。评价方式是对学生学习成果的检验与反馈,教师需要设计合理的评价方式,以评价学生在知识、技能和能力方面的掌握程度。教师应依据学习目标和教学活动,选择相应的评价方式,并提供及时的反馈,帮助学生纠正错误、巩固知识和进一步发展。

⑦反思和调整。教师应不断反思教学过程和教学效果,并根据反思的结果对教学设计进行调整和改进。教师可以通过观察学生的学习表现、听取学生的反馈、与同事交流等方式进行反思。根据反思的结果,教师可以调整教学方法、教学资源、教学活动的组织方式等,以提高教学效果和满足学生的学习需求。

综上所述,教学策略是基于"理解为先"理论的高中化学教学改革的关键步骤和操作方式。教师可以通过明确学习目标、分析学习任务和知识结构、设计核心问题或主题、制订教学计划、设计教学活动、确定评价方式以及进行反思和调整,以实现有效的教学设计,提升学生的学习效果和教学质量。

4.3.2 选择真实素材,促进知识的理解和迁移

在基于"理解为先"理论的高中化学教学改革中,选择真实素材是一个重要的教学策略,可以促进学生对化学知识的理解和迁移。选择真实素材意味着将化学学科与学生日常生活和实际问题相结合。教师可以通过挖掘真实场景和案例,将其应用于化学学科的教学中,使学生能够真实地感受到化学知识的实际应用价值和现实意义。选择真实素材的教学设计过程包括以下几个步骤。

①确定教学主题和目标。教师选择的真实素材应与教学主题和目标相契合,使学生能够在真实场景中理解和应用所学的化学知识。

②搜集真实素材。教师可以通过网络搜索、实地考察等途径获取真实

素材。例如,可以收集与化学相关的新闻报道、实验视频、社会案例,或者在日常生活中搜集相关的化学问题或现象。真实素材来自科学研究、工程应用、环境保护等领域,涉及生活中各个方面的化学知识。

③设计教学活动和任务。教师根据教学主题和目标,设计针对真实素材的教学活动和任务。例如,可以设计案例分析或问题解决任务,引导学生运用所学的化学知识解决真实场景中的问题。同时,可以组织实验活动或实践项目,让学生通过实际操作和观察分析,深入理解化学原理和现象。

④利用真实素材展开教学。在教学过程中,教师利用真实素材引导学生进行学习和探究。可以通过真实素材的音频、视频或图片进行引导,让学生观察和思考相关的化学现象。教师还可以进行课堂示范、实验演示等,展示与真实素材相关的化学实验或模型,帮助学生理解和掌握相关的化学知识。

⑤进行评价和反馈。教师需要选择相应的评价方式,对学生的学习成果进行评估。评价方式可以包括书面作业、小组项目探究、口头报告等形式。通过评价和反馈,教师可以了解学生对真实素材的理解程度和应用能力,帮助他们发现不足之处,指导他们进一步提高。选择真实素材的教学策略能够让学生体验具有现实意义的学习过程,使他们能够更好地理解和应用所学的化学知识。

通过与真实生活相关的教学设计,学生能够将抽象的化学概念与原理相联系,发展批判性思维、解决问题的能力和创新意识,提高知识迁移能力。同时,选择真实素材也能够激发学生的学习兴趣和自主学习动力,提高学习效果。

4.3.3 梳理知识间的联系,构建学科思维模型

在基于"理解为先"理论的高中化学教学改革中,梳理知识间的联系并构建学科思维模型是一种重要的教学策略。这一策略旨在帮助学生理解化学知识的内在联系,并培养学生的学科思维能力。

①分析化学知识结构。教师需要分析化学知识的结构和层次,明确各个概念和原理之间的关系。通过对课程内容的深入分析和理解,教师可以抓住各个概念和原理的关键要素,并将其系统地组织起来,构建一个完整的知识体系。

②探索知识之间的联系。教师引导学生开展探索性学习,发现和理解化学知识之间的内在联系。教师可以通过启发式的提问、情境模拟、讨论等方式,促使学生主动思考和探索不同概念和原理之间的关系。教师还可以设计案例分析或问题解决任务,让学生运用所学知识解决现实问题,深化对知识的理解和应用。

③构建学科思维模型。基于对化学知识的结构和知识之间的联系的深入理解,教师可以引导学生构建学科思维模型,即将化学知识之间的关系可视化。学科思维模型可以采用概念图、思维导图、流程图等形式,学生从中能够清晰地看到知识之间的联系和层次。通过构建学科思维模型,学生可以更直观地理解化学知识,形成科学的学科思维方式和思维习惯。

④引导综合应用。教师通过多样化的教学活动,引导学生将所学的化学知识综合应用于不同情境中,培养他们的综合应用能力。通过实际操作和观察分析,学生能够加深对知识的理解和实际应用的认识。

⑤进行评价和反馈。教师设计相应的评价方式,对学生的学习成果进行评估。通过评价和反馈,教师可以了解学生对知识间联系的理解程度和知识应用能力,帮助他们发现不足之处,指导他们进一步提高。

梳理知识间的联系并构建学科思维模型的教学策略有助于帮助学生更全面地理解化学知识,进一步培养学科思维能力。通过着重强调知识的内在关联,学生能够形成系统性的学科思维方式,并将所学知识应用于实际问题的解决中。这种教学策略不仅能够提高学生对化学知识的理解和应用能力,还能够促进学生的批判性思维、创新能力和解决问题的能力的发展。同时,还能够培养学生对学科的兴趣和归属感,为其未来的学业发展和职业发展打下坚实的基础。

4.3.4 突出核心概念,构建知识框架

在基于"理解为先"理论的高中化学教学改革中,突出核心概念并构建知识框架是一种重要的教学策略。这种策略旨在帮助学生理解重要的化学概念,同时将这些概念整合成一个有机的知识框架。

①确定核心概念。教师首先需要确定教学内容中的核心概念,即具有关键作用的化学概念。这些核心概念应该是学生理解和应用化学知识的基础,是整个教学框架的核心。教师可以参考相关的教学标准、课程大纲以及学生的学习需求,明确选择哪些概念作为核心概念。

②理解核心概念。教师引导学生通过课堂教学和自主学习,深入理解核心概念的内涵和重要性。可以通过实验、观察、讨论、案例分析等方式,让学生实际操作和观察化学现象,并引导他们主动思考和探究相关的核心概念。教师还可以利用多媒体资源、模型和图表等辅助教具,帮助学生形象地理解和认知核心概念。

③构建知识框架。基于核心概念,教师引导学生将其他相关的化学概念整合到一个有机的知识框架中。通过讨论和探究,学生能够逐渐理解不同概念之间的关系和连贯性,形成一个完整的知识体系。教师可以引导学生使用概念图、思维导图、流程图等工具,将不同概念之间的关系可视化,帮助学生更直观地理解和记忆知识框架。

④综合应用和拓展。在知识框架的基础上,教师设计相关的教学活动和任务,引导学生对所学的化学知识进行综合应用和拓展。可以设计开放性的任务,让学生运用多个核心概念解决较复杂的化学问题。通过实际操作和观察分析,学生能够深入探究化学知识,加强知识理解与应用能力。

⑤进行评价和反馈。教师安排相应的评价方式,评估学生在核心概念理解和知识框架构建方面的学习成果。评价方式可以包括书面作业、实验报告、口头演讲等形式。通过评价和反馈,教师可以帮助他们发现不足之处并提供有针对性的指导。

通过突出核心概念并构建知识框架的教学策略,学生能够更全面地理解和应用化学知识。这种策略将化学知识整合成一个有机的框架,帮助学生理解不同概念之间的关系和连贯性,并培养学生的系统思维能力。同时,突出核心概念还能够帮助学生将所学知识拓展到实际问题的解决中,培养他们的综合应用能力和创新能力。这种教学策略能够提高学生的学习效果和学科素养,为其未来的学业发展和职业发展打下坚实的基础。

4.3.5 明确学习任务,关注核心素养的提升

在基于"理解为先"理论的高中化学教学改革中,明确学习任务并关注核心素养的提升是一种重要的教学策略。这种策略强调教师要明确学习目标,设计具体的学习任务,并关注学生核心素养的培养。

①确定学习任务。教师首先需要明确学习任务,明确学生的学习重点和需求,即学生在化学学习中应该掌握的核心概念、理论和实验能力。学习任务应该与教学目标和课程内容相契合。

②设计探究活动。基于学习任务,教师需要设计一系列探究性的学习活动,激发学生的学习兴趣和主动性。探究活动可以包括实验设计、问题解决、案例分析、讨论等形式。通过学生的实际操作和思考,引导他们从实践中发现化学现象和规律,并理解相关的核心概念和原理。

③强调核心素养的提升。在教学设计中,教师应关注核心素养的提升。核心素养指学生在学科中必须具备的基本能力和思维方式,包括批判性思维、创新能力、合作与沟通能力、信息素养等。教师可以通过合作学习、实践

操作、问题解决等形式,培养学生的核心素养,使他们能够应对复杂问题、灵活思考、有效沟通,并能综合运用所学知识解决实际问题。

④确定评价方式。教师需要确定符合学习目标和核心素养要求的评价方式,评估学生在知识、技能和素养等方面的掌握程度。评价不仅是对学生学习成果的检验,还应具备反馈功能,帮助学生了解自身的学习状况,并提供有针对性的指导和支持。

⑤不断反思和调整。教师要不断反思教学过程和效果,并根据学生的学习表现和反馈信息对教学设计进行调整与改进;同时,通过观察学生的学习情况、倾听学生的意见反馈、与同事的交流等方式进行反思。根据反思的结果,教师可以调整教学方法、教学任务、教学评价等方面,为学生提供更有效的学习支持。

明确学习任务并关注核心素养提升的教学策略有助于提高学生的学习效果,有助于学生核心素养的培养。通过明确学习任务,教师可以帮助学生理解学习重点和目标,设计具体的学习活动;同时,关注核心素养的提升,能够培养学生的批判性思维、创新能力、合作与沟通能力、信息素养等,为学生未来的学业发展和职业发展打下坚实的基础。这种教学设计策略可以促进学生全面发展,增强他们在化学学习中的成就感和学习动力。

4.4 小　结

"理解为先"理论指导下的教学设计仍是当前教育领域的重要议题。随着社会的发展和科技的进步,教学设计及其实施将呈现出更加注重学生个性化需求、提高教师专业水平以及利用信息技术提高教学效果的发展趋势。随着社会的发展,学生的需求越来越多样化,传统的教学方式已经无法满足学生的个性化、差异化发展要求,具有前瞻性和系统性的教学设计显得格外重要。其充分考虑了学生的学习中心地位,并采用多元化的教学方式,如在线教育、小组合作学习等,以满足学生的个性化需求。

优秀的教学设计体现的是教师的专业水平。教师是实施教学的主体,一堂有深度、富有教育意义的化学课堂是弥足珍贵的。教师应不断提高自己的业务水平,革新教育观念,更新学科专业知识,把握前沿教育技术,从而使自己的知识理解力不断深化、沟通能力不断增强,并能够将知识与实际生活结合,以更加富有趣味的化学课堂呈现深奥且富有育人价值的化学学科知识,在精彩的化学课堂提升学生的核心素养,为学生的精彩人生奠定基础。合理的教学策略选择是基于"理解为先"理论的化学教学设计的重要一环,信息技术已经成为教学策略实施的重要手段。可以借助在线教育、虚拟现实、智能教学等技术,提高学生的学习兴趣和参与度。同时,信息技术还可以为教师提供更多的教学资源和支持,有助于提高教学效果。

综上所述,教学策略的实施将更加注重学生的个性化需求,提高教师的专业水平以及利用信息技术提高教学效果是未来的发展趋势。在未来的教育发展中,教师需要不断创新教学策略实施的方式和方法,以更好地满足学生的需求,提高教育质量。

附录

普通高中化学课程标准(2017年版2020年修订)

(第三部分"课程结构"之"设计依据")

1.依据普通高中课程方案,满足学生发展的多元需求,设置必修、选择性必修和选修课程

依据普通高中课程方案,在义务教育化学或科学课程的基础上,为

学生提供基础性、多样化和可选择的课程。必修课程为全体学生奠定共同基础,选择性必修课程根据学生个性发展和升学考试的需要设置,选修课程满足不同学生的学习兴趣与个人需求。三类课程不仅适应学生不同层次和不同取向的多元发展需求,而且赋予学生和学校更大的选择权和自主权。

2.借鉴国内外课程研究成果、反映课程实施的现实需要,设计课程组织形式

在对基础教育阶段化学课程的国际比较研究及国内课程实施经验和问题的调研基础上,优化设计课程组织形式。基于全体学生共同学习的特点,必修课程内容依据主题组织,提高课程实施的整体性。基于课程的定位和学生的升学需求,选择性必修课程采用模块结构,以体现化学学习领域的特点和与大学化学课程的关联性,保持课程的持续性和一贯性。选修课程采用系列模式,以提高课程的兼容性和灵活性,利于学生的自主选修和学校的自主开设。

3.基于化学学科特点及核心素养内涵,确定课程主题、模块和系列

普通高中化学课程以全面发展学生化学学科核心素养为主旨,确定课程的主题、模块和系列。在必修课程阶段,突出化学基本观念(大概念)的统领作用,选取"化学科学与实验探究""常见的无机物及其应用""物质结构基础与化学反应规律""简单的有机化合物及其应用""化学与社会发展"5个主题。在选择性必修课程中,依据化学学科的基础性研究领域,设置"化学反应原理""物质结构与性质""有机化学基础"3个模块。在选修课程中,选取"实验化学""化学与社会""发展中的化学科学"3个系列,综合体现化学学科的特点、社会发展价值和时代性,以及化学学科核心素养的多样性内涵,既利于激发学生的学习兴趣和求知欲,又利于校本化的课程开设和管理。

5 基于真实情境的高中化学逆向教学设计具体实施

5.1 基于真实情境的化学学科逆向教学设计过程

5.1.1 真实情境构建的现实意义

真实情境构建是一种模拟真实生活和工作场景的教育教学方法。教师通过模拟真实情境,不仅可以帮助学生更好地理解和掌握知识与技能,还可以提高学生的实践能力和创新意识,使他们更好地适应未来的工作和生活。由于真实情境具有实用性,构建真实的教学情境是现在的教师广泛采用的一种教学方法。

化学学科逆向教学设计是一种以学生为中心的教学方法,旨在通过构建基于真实情境的表现性任务,将教学评价贯穿于整个课堂教学,从而提高学生的学习兴趣和实践能力。构建真实情境的重要性在于,它可以为学生提供一个更加贴近实际的学习环境,激发学生的学习兴趣和热情,增强学生的实践能力和创新意识。化学学科知识难学不是因为知识本身难,而是知识无法与实际生活建立联系。学生对这样的知识感觉到陌生而心生畏惧。例如,学生在学习氧气时,联系实际就能很轻松地掌握氧气的物理性质和化学性质,并且能根据氧气的理化性质,设计制备氧气的相关实验。这是因为氧气是我们生活中常见的气体,是学生们熟悉的。因此,构建真实的情境其实就是将陌生的化学知识置于熟悉的生活环境之中,帮助学生理解知识的价值,并能轻松地基于实际应用而建立知识网络。教师是学生学习的引路人,是"理解为先"化学课堂的构建者。教师应基于"理解为先"的教学模式的操作要素,尽可能地为学生提供一个真实的实操情境,让学生可以在实践中应用知识去解决问题。例如,在讲授铁和硫酸铜的化学反应时,教师可以为学生提供一个化学实验的情境,让学生在实验中观察和记录铁和硫酸铜发生化学反应的过程与结果,从而更好地理解和掌握化学反应的知识与技能。

真实情境的构建可以帮助学生提高实践能力和创新能力。化学学科的很多知识都是基于实际应用而建立的。因此,在教学过程中,教师应该尽可能地为学生提供一个真实的情境,让学生能够更好地将所学的知识应用到实际中。同时,真实情境的构建也可以为学生提供更多的创新空间,让学生能够更好地发挥自己的想象力和创造力,从而提高学生的创新能力和实践能力。

真实情境的构建还可以培养学生的团队协作能力。在真实的情境中,学生需要与他人合作完成任务。例如,在教授化学实验时,教师可以让学生分组合作完成实验任务,从而促进学生之间的交流与合作,提高学生的团队协作能力。

真实情境的构建在化学学科逆向教学设计中具有重要的作用,可以帮助学生更好地理解和掌握化学学科的知识与技能,提高学生的实践能力和创新能力,培养学生的团队协作能力。因此,在教学过程中,教师应该尽可能地为学生提供一个真实的情境,让学生能够更好地学习化学学科的知识和技能。

5.1.2　真实情境的构建过程

鉴于真实情境的构建可以发挥化学学科的育人价值,分析真实情境的构建的过程有助于更好地设置合乎教学内容和学生学情的情境。真实情境的构建包括 5 个步骤,如图 5.1 所示。

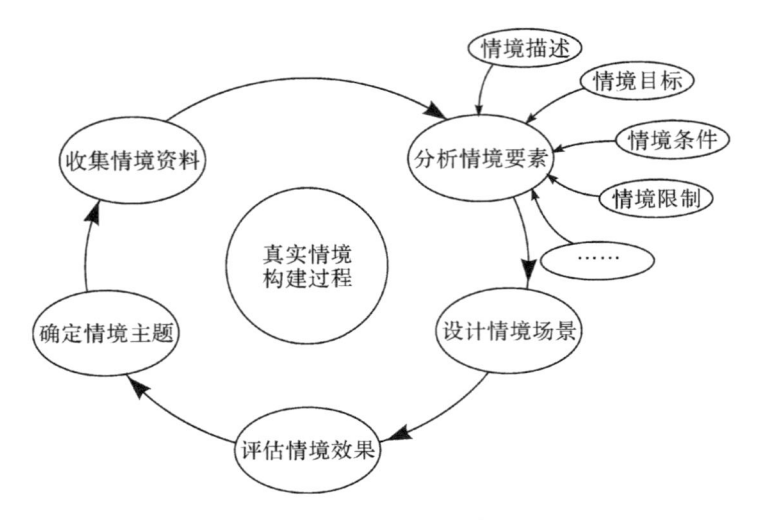

图 5.1　真实情境的构建过程

(1) 确定情境主题

"理解为先"的教学模式推崇"以终为始",是一种以学生为中心的教学方法。其要求根据学生的需要和水平来确定合适的教学内容和教学方式,以期促进学生的核心素养发展。尊重学生是其教学的中心,从而根据学习者的学情、教材的教学内容以及课程标准的内容要求确定情境主题。情境主题是基于学生的需求和核心素养发展维度以及教师的教学目标来创设的,以确保情境主题与教学目标和教学内容相符合。例如,如果教学目标是让学生了解氧化还原反应的基本概念,那么教师可以选择一些与氧化还原反应相关的真实情境主题,如烹饪、医疗、环境等。以真实情境为依托,学生置身于新的情境之中进行学习,从而加深对知识的理解和对化学反应基本概念的认知。真实情境的创设也要凸显人文价值。例如,以水污染、空气污染作为研究背景,创设情境满足学生化学知识的学习需求,在解决水污染等问题上培养学生的科学态度与社会责任,在无形之中发展学生的核心素养。与此同时,呼吁学生关注环境问题,对建设环境友好型社会大有裨益。教师还需要根据教学目标和学生的需求来选择真实情境主题。例如,如果教学目标是让学生了解化学反应的实验操作,那么教师可以选择一些与化学实验相关的真实情境主题,如实验室安全、实验操作技巧等。这些情境主题可以让学生更好地了解化学实验的基本操作,并培养他们的实验技能。

情境主题的确定是逆向教学设计中关键的一环。选取合适真实情境主题,是对资源的最佳配置。置于真实情境,学生的学习兴趣得以激发,知识水平与技能也会在自主学习过程中快速提升。真实情境下的情境主题选择不是盲目的,一定要做到有理有据,以学生核心素养发展作为整个情境主题选择的突破口。

(2)收集情境资料

在基于真实情境的"理解为先"化学课堂,教师获取与情境主题相关的各种资料,有助于更好地理解和把握教学内容。搜集情境资料可以采用多种方式。在搜集资料的过程中,需要注重资料的准确性和可靠性,确保教学设计的科学性和实用性,比如查阅相关书籍、检索网络资源、采访专家、搜集实际案例等。搜集到的情境资料应该包括文字、图片、视频等多种形式。文字资料可以包括文献、报告、文章等。其中,文字资料可以详细描述情境背景、涉及的主题、相关的研究成果等。图片和视频资料则可以更加直观地展示情境内容,如实验操作、化学反应过程、化学实验仪器等。

依据情境主题进行情境资料的收集需要有明确的计划和目的,按类别、按要求进行资料的筛选和整理,从而提高资料的利用率,使理解为先的"化学课堂"具有实操性。化学学科是一个不断发展的领域,需要关注最新的研究成果和技术应用。收集情境资料需要注重资料的时效性和实用性。将有用的素材为我所用,在素材与教学内容之间建立关联,会大大提高课堂效率。学生在使用情境素材时,会主动思考知识与素材的联系,从而培养实践能力和创新思维。总的来说,教师收集情境资料,可以帮助学生更好地理解教学内容,提高教学效果,培养学生的实践能力和创新思维。

(3)分析情境要素

化学学科逆向教学设计是一种以学生为中心的教学方法。其通过分析真实情境中的化学问题来设计和组织教学内容,以提高学生的学习兴趣和效果。在逆向教学设计过程中,分析情境要素是至关重要的步骤。

情境要素是指在情境中存在的各种因素,包括人、物、环境、行为等。在分析情境要素时,需要仔细观察情境,并将其分解为各种要素。例如,在分析一个化学实验的情境时,可以将其分解为实验者、实验材料、实验设备、实验过程等要素。分析情境要素可以帮助教师更好地理解情境中的化学问题,并设计出更符合学生需求的课程内容。例如,如果在分析一个化学实验的情境时,发现实验者缺乏必要的实验技能,那么教师就可以在课程设计中添加一些实验技能培训的内容,以帮助学生更好地完成实验;如果在分析一个化学课程的情境时,发现学生缺乏必要的实验设备和材料,那么教师就可以在课程设计中增加对一些实验设备和材料的介绍内容,以帮助学生更好地理解实验过程。

分析情境要素实际上是对化学课堂教学设计的再思考,是教师迈向专家型教师的重要一步。教师可以更好地理解情境中的化学问题,并设计出更符合学生需求的课程内容,从而提高学生的学习兴趣和学习效果,循序渐进地发展学生的核心素养。

在基于真实情境的化学学科逆向教学设计中,构建情境场景是一个至关重要的环节。这一步骤的目标是根据之前的分析结果,设计出能够激发学生兴趣、提高学生参与度的真实情境场景。

(4)设计情境场景

情境场景的选择必须与课程内容密切相关。它是学生及时进入真实的化学实验或应用场景的重要载体。情境场景的选择是基于化学知识的内容的深度思考,是结合学生的学情,选择具有挑战性、教育性和趣味性的真实场景。在真实的场景之中，学生发挥自身的主观能动性，积极探索未知情境中的可能，通过观察未知世界，调动自身的知识经验，实现了在实践中学习化学知识，在思考中激发学习兴趣和创新思维。

在设计情境场景时，需要考虑以下几个因素。

①情境场景的目标和主题。教师需要明确情境场景的目标和主题。例如，目标可以是让学生理解化学反应的原理，也可以是提高学生的实验操作能力。

②情境场景的情节和角色。教师需要设计具有吸引力和挑战性的情节和角色。例如，可以通过化学实验竞赛、化学探究活动等方式，让学生在参与中学习化学知识。

③情境场景的环境和道具。教师需要设计真实的环境和道具。例如，可以通过模拟实验室、化学工厂等场景，让学生在实践中学习化学知识。

④情境场景的时间和地点。教师需要确定情境场景的时间和地点。例如，可以在实验室、化学工厂等地方进行，也可以在虚拟环境中进行。

通过以上因素的考虑，教师可以设计出各种真实的情境场景。例如，化学实验室竞赛、化学探究活动、化学工厂模拟等。这些情境场景能够让学生在实践中学习化学知识。这是学生关键能力、必备品格形成的基础。教师主动优化情境场景，对情境场景进行多方位的评估，有助于更加准确地进行教学设计，从而促进教学目标的达成。教师通过设计真实的情境场景，将教学内容融入真实情境之中，可以用"活"的知识解决"活"的问题。一方面，学生具有思考能力，其在实践中学会了如何运用化学知识；另一方面，化学知识的运用过程是化学学科教学的深层次要求，即落实了课程教学立德树人根本任务。

（5）评估情境效果

在基于真实情境的化学学科逆向教学设计中，真实情境创设是情境效果评估的重要环节。情境效果评估能促进"教、学、评"一体化。在评估情境效果时，需要考虑以下几个方面。

①情境的符合度。情境的符合度是指所构建的情境是否与实际情境相符合，即创设的情境是否具有实际价值。真实情境的创设是为满足学生发展的要求，融合学生的基本学情和课程标准核心素养发展的要求进行综合考虑的。只有真实且有意义的情境，才有利于学生的学习成绩的提高、知识的深层次理解、核心素养的高水平发展。如果情境不符合实际，那么学生很难在情境中进行有效的学习和实践。因此，在评估情境的效果时，需要对情境的符合度进行评估。

②情境的适用性。情境的适用性即情境的创设是否具有普适性，是否为针对所有适学学生而创设的情境。"理解为先"理论指导下的真实情境创设应能满足学生对知识的差异化需求。不同的学生有不同的学习方式和需求，不同的教学内容也需要不同的情境来支撑。因此，在评估情境效果时，需要考虑情境的适用性。

③情境的有效性。情境的有效性是指所构建的情境是否能够有效地促进学生的学习和发展。情境应该能够激发学生的兴趣和动机，引导学生进行主动学习和实践。因此，在评估情境效果时，需要考虑情境的有效性。

④情境的可行性。情境的可行性是指所构建的情境是否能够在实际教学中得到应用。情境应该能够被教师和学生所接受和使用，从而促进教学效果的提高。因此，在评估情境效果时，需要考虑情境的可行性。

在评估情境效果时，需要采用多种方法和工具，如观察、访谈、问卷调查等。同时，需要根据评估结果及时进行调整和改进，以提高情境的符合度、适用性、有效性和可行性，从而更好地促进学生的学习和发展。通过评估情境效果，可以确定所构建的真实情境是否达到了预期效果，从而及时发现问题并进行改进。

5.2　基于真实情境的化学学科逆向教学设计的实施步骤

逆向教学设计是一种以学生为中心的教学方法。它的核心理念是关注学生的需求和困难,从而设计出更有效的教学内容和方法。其强调学生的自主学习和自我发现,注重培养学生的思维能力和创造力。教师会充分了解学生的需求和困难,在此基础上设计教学内容和教学方法,从而不断提高学生的思维能力和创造能力。相比于传统教学模式中知识点和答案的直接呈现,"理解为先"的教学模式鼓励学生不断深挖化学学科的知识内容,在实际生活中运用化学知识解决问题。通过逆向教学设计,教师能够更好地考虑学生的需求,保证化学课堂的秩序性和趣味性,从而提高教学效果。

基于真实情境的化学学科逆向教学设计的实施过程可以分为 5 步:创设情境、学生探究、小组合作学习、因材施教、评估与反馈(见图 5.2)。高效的化学学科课堂,都是聚焦于学生核心素养发展的课堂。

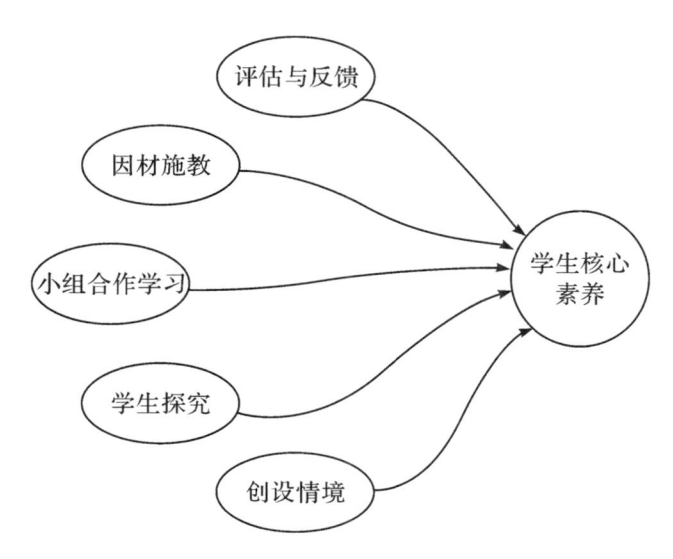

图 5.2　指向学生核心素养发展的教学设计

5.2.1 创设真实情境,激发学生兴趣

化学学科教学不同于其他学科,其强调实践性,即化学学科的学习应该置于具有真实感知的化学课堂之中。创设真实情境符合化学学科的内在要求,也是提高化学课堂教学质量的有效策略。学生参与课堂学习,在真实情境的刺激下会萌发更多的想法,并能将所学知识应用于真实问题的解决中,从而提高了学习效果。情境教学策略的巧妙运用有助于教师将化学知识与实际生活相联系。化学知识来源于生活。教师使用传统的教学方法讲授化学知识,则学生掌握的只是常规的化学知识。但如果教师将学生放在具体的情境中,则学生可以理解和掌握更多的化学知识。

一方面,教师可以设计生活实验。此种真实情境创设策略对教师的要求较高。要求教师注重生活素材的积累,并能够很好地记录下来,作为教学素材。例如,教师在讲授酸碱中和反应时,可以让学生观察不同颜色的石蕊试纸在酸性溶液和碱性溶液中的变化,从而直观地理解酸碱中和反应的原理。与此同时,为增强化学学科的趣味性,教师可将五颜六色的鲜花制作为简单的酸碱指示剂。

另一方面,教师可以充分利用多媒体手段。多媒体作为科技的产物,加速了教育手段的革新。为更加便利地将知识内容呈现给学生,教师可以利用网上的实验视频向学生解释一些有毒性物质的制备,如实验室制氯气。在讲授有机化学时,由于有机物的结构复杂,教师采用板书反而会增加学生的理解难度,这时便可结合多媒体图片展示,将有机物的结构特征更加直观地展示出来。

除了上述两种创设策略,教师还可以采用问题链创设问题情境。问题链真实情境基于知识的层次性和内容的难度而设置。采用问题链的情境创设,可以激发学生的好奇心,激发学生学习兴趣,促进学生深入思考。

例如,在讲授化学反应速率时,教师可以提出一些实际问题,如为什么汽车行驶时需要加油、为什么电池需要充电,从而引导学生思考和探究化学知识。

创设情境的过程中应注意情境的真实性、创造性、挑战性、开放性。贴近生活的情境是引发学生学习兴趣的抓手。例如,在讲授化学实验时,教师可以选择一些与学生日常生活密切相关的实验,如制作蜡烛、肥皂等。富有创造性和挑战性的情境是学生思维提高的踏板,促使学生向着更高水平迈进。教师可以设计一些复杂的实验,让学生在解决问题的过程中提高化学核心素养。开放性的情境可以促进学生创新能力的提升,其能够在探究和实践中运用化学知识解决实际问题。例如,在讲授化学实验时,教师可以让学生自主选择实验材料和实验方法,从而培养学生的创新能力和实践能力。

创设情境是一种有效的教学策略,能够激发学生的学习兴趣,提高学习效果。在实际的化学课堂教学中,教师应该善于运用情境教学策略,创设生动有趣的情境。这不仅能使学生在具体的情境中理解和掌握化学知识,而且能极大地提高教师的自我效能感。

5.2.2 引导学生主动探究,培养自主学习能力

在新课程改革的不断推进下,学生已成为教学活动的主体。教育工作者应当及时转变自己的观念、角色,探索以学生为主体的教学。引导学生进行自主探究可以使学生的主体地位得到充分体现。教师在教学的过程中必须结合学生的实际情况,给学生提供一定的机会,让学生对生物知识进行自主探究,让学生在探究的过程中加深对知识的理解,领悟知识的内涵,从而形成一定的科学思维,使其核心素养在潜移默化中得到发展。

教师需要明白,要想使学生积极地进行自主探究,就必须将学生的主观

能动性调动起来。首先,良好的课堂氛围可以使学生从被动学习转变为主动学习,参与到教学活动中,从而为自主探究活动的顺利开展提供保障。其次,高中生虽然有一定的学习经验、生活经验,但是其各项能力仍处于发展之中。他们在学习过程中仍旧存在一些问题,导致自主探究活动的实效性受到影响。教师是教学活动的组织者和引导者,是学生成长的引路人,有责任为教学目标的达成提供支撑,确保学生在教学活动中有所收获。所以,在学生进行自主探究时,教师可以适当提出一些问题或任务,引导学生对相关知识进行探究,进而激活学生的思维能力,使其科学思维在潜移默化中得到培养。在课前,教师可以利用多媒体技术进行相关资料的收集。在收集完相关资料后,教师可以根据学生喜欢形象生动的事物的特点,将所学知识进行梳理整合,以形象、直观的方式呈现于学生面前。在学生了解了相关内容后,教师可以为学生留出一定的时间与空间,提供一些资料、材料,引导学生进行思考与探究。通过动手、观察、分析,学生可以感知知识形成的过程,切实感知科学的思维方式,并明确如下道理:要想获得成功,需要有3个因素的支持,即扎实的基础知识、持之以恒的态度、创新思维能力。

教师还可以引导学生进行模拟实验,引导学生构建化学模型,借助其降低教学难度,从而对学生的科学思维及解决问题的能力进行有效培养。通过这样的教学活动,学生的主体地位可以充分体现出来,学生能够切实感知知识形成的过程,并形成相应的思维能力和核心素养。由此可见,在高中化学教学中,引导学生进行自主探究,可为学生加深对知识的理解提供保障,在提升学生解决问题的能力的同时有效实现核心素养的培养。

综上所述,引导学生主动探究是培养学生自主学习能力的重要手段。教师需要根据学生的实际情况,设计合适的教学策略,激发学生的学习兴趣。在教学过程中,教师可以通过提出问题、组织活动、创设情境等方式,引导学生主动探究,实现教学目标。同时,教师还需要注重培养学生的科学素养,培养他们的创新思维和解决问题的能力,使他们学会用科学的方法去发现和解决问题。只有这样,才能真正实现以学生为主体的教学,使学生在探究的过程中提升核心素养。

5.2.3 设计合作学习活动,提高团队协作能力

在基于"理解为先"理论的化学教学设计实施过程中,设计合作学习活动是一种有效的策略,可以帮助学生提高团队协作能力。通过合作学习活动,学生可以在互动中学习,分享彼此的知识和经验,从而提高团队协作能力。

帮助学生提高沟通和交流的能力是设计合作学习活动的初衷。在合作学习过程中,与队友的高效沟通和交流,是学生良好的语言表达能力的体现。通过观点陈述,学生可以表达自己对知识的理解,探讨对问题的理解。在合作学习过程中,学生需要相互配合,共同完成任务。这有助于他们培养协作意识和团队精神,提高解决问题的能力。

设计合作学习活动可以提高学生的自主学习能力。在合作学习过程中,学生需要独立完成自己的任务,并与其他队友分享自己的成果。这有助于学生提高自主学习能力,培养独立解决问题的能力。通过合作学习活动,学生可以更好地理解自主学习的重要性,也能自觉地培养团队协作能力。

设计合作学习活动可以提高学生解决问题的能力。在合作学习过程中,学生需要共同解决遇到的问题。这有助于启发学生主动探索解决问题的策略和方法。通过合作学习活动,学生可以更深刻地认识到解决问题的重要性,从而提高团队协作能力。

因此,在基于"理解为先"理论的化学教学设计实施过程中,教师应积极设计合作学习活动,帮助学生提高团队协作能力。

5.2.4 关注学生个体差异,因材施教

在高中化学教学过程中,教师需要关注学生个体差异。因材施教是一项重要的教学策略。化学教学需要根据学生的学习情况,合理地调整教学内容和方法,以提高学生的学习效果。

第一,教师需要深入了解学生的个体差异。教师可以通过观察学生的学习习惯、学习态度、学习能力等方面的表现,全面了解学生的个体差异。此外,教师还可以通过与学生进行沟通,了解学生的学习需求和兴趣,从而更好地调整教学策略。

第二,教师需要根据学生的个体差异,制订个性化的教学计划。教师可以根据学生的学习能力、学习兴趣和学习习惯等方面的特点,制订不同的教学计划。例如,对于学习能力较弱的学生,教师可以减少他们的学习任务,降低学习难度,帮助他们逐步提高学习能力;对于学习能力较强的学生,教师可以增加他们的学习任务,提高学习难度,帮助他们更好地发挥自己的潜力。

第三,教师需要采用多样化的教学方法。教师可以根据学生的个体差异,采用不同的教学方法。例如,对于学习兴趣浓厚的学生,教师可以采用情境教学法,通过创设生动有趣的情境,提高学生的学习兴趣;对于学习兴趣较弱的学生,教师可以采用提问教学法,通过提出问题,引导学生主动思考,激发他们的学习兴趣。

第四,教师需要对学生的学习效果进行个性化评价。教师可以根据学生的个体差异,采用个性化的评价方法。例如,对于学习能力较弱的学生,教师可以采用过程性评价,重点评价学生的学习过程,鼓励他们积极参与学习;对于学习能力较强的学生,教师可以采用结果性评价,重点评价学生的学习成果,鼓励他们追求卓越。

综上所述,教师需要深入了解学生的个体差异,制订个性化的教学计划,采用多样化的教学方法,对学生的学习效果进行个性化评价,从而提高学生的学习效果,促进学生的全面发展。

5.2.5 重视评估与反馈,促进学生持续发展

在基于"理解为先"理论的化学逆向教学设计实施过程中,评估与反馈是促进学生持续发展的重要手段。教师采用科学合理的评估与反馈策略,可以有效提高学生的学习效果,培养其核心素养,进而促进其全面发展。

第一,教师需要明确评估与反馈的目的。评估与反馈的目的是了解学生的学习情况,发现学生的学习问题,给予学生及时的反馈,从而帮助学生改进学习方法,提高学习效果。同时,教师采用评估与反馈策略也是为了及时调整教学方法,提高教学质量。

第二,教师需要选择合适的评估与反馈策略。评估与反馈的策略应该根据学生的学习特点和教学目标来确定。例如,可以采用游戏化的评估方式,通过游戏、竞赛等方式激发学生的学习兴趣,提高学生的学习效果;也可以采用多元化的评估方式,包括课堂测试、作业检查、实验报告等多种形式,以全面了解学生的学习情况,提高教学质量。

评估与反馈的及时性是发现学生问题的重要条件。及时的评估与反馈可以有效帮助学生发现并改正学习问题,提高学习效果。因此,教师应该在学生的学习过程中及时给予反馈,帮助学生及时调整学习方法。

评估与反馈的结果是教学改进的依据。评估与反馈的结果应该用于教学改进。例如,根据学生的学习情况,调整教学内容和方法,提高教学质量。同时,评估与反馈的结果也应该用于评价教师的教学效果,以提高教学质量。

5.3 逆向教学设计评价

逆向教学设计是一种打破传统、具有创新性的教学设计方法。它的核心理念是以学生的学习结果为起点,进行反向思考,从而设计有效的教学策略。这种设计方法不仅关注学生的知识掌握程度,而且重视学生的能力发展,从而为教师提供了一个全新的评估工具。

逆向教学设计评价是在逆向教学设计的基础上,对学生的学习成果进行评估和反馈。它不仅关注学生的成绩,更深入学生的学习过程,全面了解学生的能力提升情况。这种评价方式旨在揭示学生的学习特点和风格,发现潜在的学习问题,并能给教师提供具体的反馈和建议,从而不断优化教学设计。

在实施逆向教学设计评价时,需要明确评价的目标和标准。一般来说,评价的目标包括:准确评估学生的学习效果及能力提高程度;深入了解学生的学习特点和风格;及时发现学生的学习问题和困难;为教师提供实时的反馈和建议,以帮助教师不断改进教学设计。为了实现这些目标,可以采用多种方法和工具。标准化测试可以量化学生的学习效果和能力提高程度;学习日志可以帮助学生记录自己的学习过程和感受,有助于教师深入了解学生的学习特点和风格;观察表可以帮助教师实时观察学生的学习情况,及时发现学生的学习问题和困难;反馈表则可以收集学生实时的反馈和建议,为教师改进教学设计提供具体而有效的依据。

在进行逆向教学设计评价时,需要注意以下几点:首先,评价必须客观公正,尊重每个学生的个性和差异;其次,评价应关注学生的学习过程和学习能力,而不仅仅是学习结果;再次,评价应提供具体而有效的反馈和建议,以便教师优化教学设计;最后,评价应与教学目标和标准保持一致,确保评价的有效性和可靠性。

逆向教学设计评价是一种先进而有效的评估工具,可以帮助教师全面而深入地了解学生的学习情况,提高学生的学习效果和学习能力。它不仅为教师提供了全新的视角和评价方法,也为学生的学习进步提供了有力的支持。通过逆向教学设计评价,师生可以共同探索学习的奥秘,不断提升教与学的质量。

5.4 逆向教学设计的实施与优化

逆向教学设计评价为教师提供了全面而深入地了解学生的学习情况的视角,同时也为优化教学设计提供了有力的支持。接下来,我们将探讨如何实施逆向教学设计并对其进行优化。

第一,制定清晰的教学目标。在逆向教学设计中,教师需要先确定期望的学生学习结果,并以此为起点,反向设计教学内容和方法。因此,制定清晰的教学目标是逆向教学设计的重要环节。教学目标应该明确、具体、可测量,并能够反映学生的关键能力和学科核心素养。

第二,关注学生的学习过程。逆向教学设计强调关注学生的学习过程,而不仅仅是学习结果。教师需要通过观察、交流、布置作业等多种方式了解学生在学习过程中的表现和遇到的困难,以便及时调整教学策略。同时,教师还需要鼓励学生主动参与学习过程,培养他们的自主学习能力和批判性思维。教师只有关注学生的学习过程,才有可能纠正和解释学生在学习过程中做错的题目或者碰到的迷思概念,帮助学生建构合理的知识体系,从而有效实施教学评价。

第三,灵活运用教学策略。逆向教学设计鼓励教师根据学生的特点和教学内容灵活运用各种教学策略。例如,教师可以采用问题解决教学法、项目式学习、合作学习等策略,帮助学生实现从被动学习到主动学习的转变。同时,教师还需要根据学生的反馈和评价结果,不断调整和优化教学策略。

第四,持续进行反思和改进。逆向教学设计评价是一个持续的过程,需要教师不断地反思和改进教学设计。教师可以通过收集学生的反馈信息、分析学生的学习数据、观察学生的表现等方式,发现教学中存在的问题和不足,并及时进行调整和改进。同时,教师还需要与其他教师进行交流和分享,互相学习、共同进步。

逆向教学设计是一种具有创新性且有效的教学设计方法。它以学生的学习结果为起点,关注学生的学习过程和能力发展,为教师提供了全面而深入地了解学生学习情况的视角。通过实施逆向教学设计并不断进行优化,教师可以提高教学质量和学生的学习效果,为学生的未来发展奠定坚实的基础。

附录

普通高中化学课程标准(2017 年版 2020 年修订)

(第六部分"实施建议"节选)

4.创设真实问题情境,促进学习方式转变

(1)创设真实且富有价值的问题情境

真实、具体的问题情境是学生化学学科核心素养形成和发展的重要平台,为学生化学学科核心素养提供了真实的表现机会。因此,教师在教学中应重视创设真实且富有价值的问题情境,促进学生化学学科核心素养的形成和发展。

真实的 STSE 问题和化学史实等,都是有价值的情境素材。例如,

"氧化还原反应"的教学,教师可以提供有关"汽车尾气及其危害"的素材,使学生产生运用化学方法解决这一问题的欲望,提出"如何根据氧化还原原理对汽车尾气进行绿色化处理?"的问题。"什么是绿色化处理?""汽车尾气的主要成分有哪些?""如何将有毒有害物质转化为无毒无害物质、如何转化、转化需要哪些条件?"等,这些具体的问题解决任务,促使学生查阅文献、设计方案、实验探究等,正是在这样的问题解决过程中学生的化学学科核心素养得到了提升,生态文明的意识得到了增强。

(2)积极促进学生化学学习方式的转变

学生化学学科核心素养的发展是一个自我建构、不断提升的过程,教师要紧紧围绕化学学科核心素养发展的关键环节,引导学生积极开展建构学习、探究学习和问题解决学习,促进学生化学学习方式的转变。为此,教师应尽可能设计多样化的实验探究学习任务,应结合具体的化学教学内容的特点和学生的实际,引导学生开展分类与概括、证据与推理、模型与解释、符号与表征等具有学科特质的学习活动,应注意设计真实情境下不同复杂和陌生程度的问题解决活动,引导学生通过小组合作、实验探究、讨论交流等多样化方式解决问题。

5. 实施"教、学、评"一体化,有效开展化学日常学习评价

化学学习评价包括化学日常学习评价和化学学业成就评价(主要有化学学业水平合格性考试和化学学业水平等级性考试,见"学业水平考试命题建议")。应树立"素养为本"的化学学习评价观,紧紧围绕化学学科核心素养的发展水平和化学学业质量标准来确定化学学习评价目标,注重过程性评价和结果性评价的有机结合,灵活运用活动表现、纸笔测验和学习档案评价等多样化的评价方式,倡导学生自评、同伴互评与教师评价相结合,充分发挥评价促进学生化学学科核心素养全面

发展的功能。

化学日常学习评价是化学教学不可或缺的有机组成部分,是化学学习评价的一种重要表现形式,是实施"教、学、评"一体化教学的重要链条。教师应充分认识化学日常学习评价对于促进学生化学学科核心素养发展的重要性,积极探索开展化学日常学习评价的有效途径、方式和策略。

提问与点评、练习与作业、复习与考试等是有效开展化学日常学习评价的基本途径和方法。

● 课堂提问的设计应有意识地关注化学学科核心素养达成情况的诊断。例如,"有哪些因素影响物质体积的大小?"这一问题的设计就具有素养诊断价值。有的学生只能基于"宏观"视角思考影响因素,有的学生只能基于"微观"视角思考影响因素,而有的学生却能基于"宏观辨识与微观探析"视角指出影响因素,并能给予解释。

课堂点评应有的放矢,增强促进学生化学学科核心素养发展的指导性。例如,教师可以设计学习任务:"用图示表示0价、+2价和+3价铁元素之间的相互转化关系",针对学生对"铁三角"转化关系认识模型的理解情况进行点评,通过追问进一步外显学生的思维过程,从素养发展的角度对学生给予指导。对于仅能列举出个别氧化剂和还原剂的学生,教师应启发学生进一步提升知识的概括化水平,指导学生从一类氧化剂和还原剂的角度进一步抽象"铁三角"转化关系认识模型。

● 教师应注意发挥课堂练习和课后作业对于学生化学学科核心素养的诊断与发展功能,依据课程内容各主题的学业要求,精心编制或精选课堂练习和课后作业题,使"教、学、评"活动有机结合,同步实施,形成合力,有效促进学生化学学科核心素养的形成与发展。

● 单元与模块复习应依据内容要求,围绕化学核心概念和观念的结构化来进行,通过提问或绘制概念图等策略,诊断学生化学核心概念和观念的结构化水平;对于处在"知识关联"水平的学生,应引导他们进一步概括核心概念的认识思路,形成基于"认识思路"的结构化,从而提升化学核心概念和观念的结构化水平,发展化学学科核心素养。

单元与模块考试应以学生化学学科核心素养的达成情况为考核重点,试题命制应以学业质量标准的要求为依据,题目应具有一定的情境性和综合性,为学生解决真实情境下不同复杂程度化学问题提供素养表现的机会。通过考试,教师可以较为准确地诊断出学生化学学科核心素养的发展水平和化学学业质量标准的达成情况,为有针对性地提出学生化学学科核心素养发展的改进建议提供依据。

6 基于"理解为先"理论的高中化学教学案例分析

6.1 化学学科基本概念的构建——以"氧化还原反应"为例

6.1.1 研究缘起

化学学科是自然科学中基础的和重要的学科之一。化学学科涉及的内容广泛,包括物质的性质、变化、合成、反应等方面。基本概念构建是化学学科学习的基础,是学生理解化学的内涵和外延的重要基石。它强调理解化学学科的研究对象和研究方法,掌握化学学科的学习范式和基本研究思路。

学生化学学科核心素养发展是化学学科所承担的重要使命。化学基本概念是化学学科的底层逻辑。化学学科涉猎范围广,相关概念或工具、流程等都是提升学生化学学习兴趣的有效载体。例如,实验是承载学生科学探究意识与创新意识的重要载体;物质变化和化学键的形成是培养学生变化观念与平衡思想的重要介质。通过基本概念的构建,学生可以更好地理解这些现象和实验,从而提高学习兴趣,发展科学素养,更好地理解科学思维和科学方法。

化学知识冗杂、烦琐,单纯地依照化学基本概念构建知识体系比较困难。可以以"理解为先"的教学模式为抓手,构建生活知识情境,使学生在情境中学习化学知识,构建完整的知识体系,提升化学学科素养。

6.1.2 化学学科基本概念构建的实际意义

化学学科基本概念是将化学现象和事实通过对比、分析、归纳等方法抽象出来的理性知识,是构成化学规律、建立化学理论的基础和前提。化学核心概念包括物质组成和分类、化学用语、元素周期律和周期表、电解质溶液、化学反应速率和化学平衡等。[1] 由于基本概念的抽象性,学生普遍反映学习枯燥、难以理解,在经历系统学习后仍然是一知半解、机械地套用。教师可以在分析核心概念教学中存在问题的基础上,基于深度学习视角探索概念教学的实践策略,重构生本课堂教学模式。

第一,化学学习的基础是物质、原子、分子、离子、化学键、化学反应等,这些概念构成了化学学科的基本框架。学生厘清这些基本概念,才能够理解化学反应的机制、化学物质的性质以及化学反应的化学方程式等。化学教师需要通过讲解、演示、实验等方式,帮助学生理解这些基本概念,并培养学生的化学思维能力。此外,理解基本概念还能够帮助学生建立正确的化学观念,提高学生的学习兴趣和积极性。

第二,在化学学科知识学习中,理解基本概念是开展实验研究、数据分析以及模型建立等工作的前提。科学家需要理解这些基本概念,才能够开展药物分子设计、合成、筛选等工作。化学学科的基本概念构建对于化学学科的发展具有重要意义。化学学科的发展需要不断地进行创新和拓展,创新和拓展的基础是对基本概念的深入理解和掌握。

第三,化学学科的基本概念构建是化学教育与科学研究的基石。教师与学生是合作者,双方共同挖掘基本概念的核心价值;同时,教师又是学生

---

[1] 王强,杭伟华.深度学习视阈下化学核心概念教学的策略研究:以人教版必修主题内容"氧化还原反应"的教学为例[J].化学教与学,2022(8):6-9.

的指导者,指导学生内化学科思维,整理学习基本概念的常规方法,运用这些基本概念解决实际问题。师生基于对基本概念的深入研究,将概念应用于不同场景。如探究物质的性质、工业中物质的转化率、相同元素不同价态的转化等,都是以基本概念的准确掌握为基础。

6.1.3 化学学科基本概念构建的案例分析

(1)"理解为先"理论助力化学基本概念的建构

"理解为先"的教学模式强调"以终为始",旨在让学生理解和掌握学科基本概念。其重要的价值在于,强调确立预期教学目标,基于学生学情和教材内容分析,得出学生可能获得的知识和技能;通过设置多元化的评估依据来判断学生的知识理解水平、概念应用能力,在一系列的教学活动中,不断深挖知识之间的联系以及概念与概念之间的特征,从而帮助学生更好地学习化学学科知识。"理解为先"的教学模式是一种积极的且具有研究价值的教学模式,强调学生学习新知识要建立在理解学科基本概念的基础之上,由此才能真正掌握和应用这些知识。

化学学科的概念学习难度较大。为帮助学生破解迷思概念,教师必须采取多元化的教学模式。首先,在化学学科的教学过程中,教师通过各种教学方法和手段,如讲解、演示、实验等,帮助学生理解和掌握化学学科的基本概念,如原子、分子、离子、化学键等。其次,在化学学科的教学过程中,教师应该注重学生的思考和探究,鼓励学生主动思考和探究化学学科的基本概念,如通过提出问题、进行实验、分析数据等方式,帮助学生更加深入地理解和掌握这些基本概念。学生通过自主思考和探究,提升科学素养和创新能力。最后,在化学学科的教学过程中,教师应该注重培养学生的综合运用能力。教师可通过化学实验、化学计算、化学设计等方式,帮助学生将化学学科的基本概念应用到实际问题的解决中。同时,注重学生的实践能力和创新能力的培养。

(2)"氧化还原反应"教学案例分析

氧化还原反应是中学化学教学重难点。氧化还原反应既是认识化学反应的重要理论基础,也是学生接触较多的反应模型之一。例如,人类认识到燃料的燃烧、体内脂肪的代谢、绿色植物的光合作用、活生物体的呼吸和电池的运行等反应都是必不可少的,因此,从概念上理解氧化还原反应是必要的。[①] 氧化还原反应的学习须立足于《普通高中化学课程标准(2017年版2020年修订)》和人教版(2019年)高中化学教材必修第一册和选择性必修第一册的内容分析。如表6.1所示。

表6.1 氧化还原反应的内容分析

模块	必修第一册	选择性必修第二册
内容要求	认识有化合价变化的反应是氧化还原反应,了解氧化还原反应的本质是电子的转移,知道常见的氧化剂和还原剂	了解原电池及常见化学电源的工作原理。了解原电池的工作原理,认识电解在物质转化和能量储存中的具体应用。了解金属发生电化学腐蚀的本质,知道金属腐蚀的危害,了解防止金属腐蚀的措施
学业要求	①能利用氧化反应等概念对常见的反应进行分类和分析说明 ②能从物质的类别、元素价态的角度,依据复分解反应和氧化还原反应原理,预测物质的化学性质和变化,设计实验进行初步验证,并能分析、解释有关实验现象	①能分析、解释原电池和电解池的工作原理,能设计简单的原电池和电解池 ②能列举常见的化学电源,并能利用相关信息分析化学电源的工作原理。能利用电化学原理解释金属腐蚀现象,选择并设计防腐措施

---

① ADDAM B B. Probing learners' conceptual understanding of oxidation and reduction (redox) reactions: A case study[D]. Eastern Cape: Rhodes University, 2004.

续表

模块	必修第一册	选择性必修第二册
学情分析	学生在初中初步接触"氧化反应""化合价"等概念,但初中阶段未系统性地介绍氧化还原反应,学生理解氧化还原反应尚面临壁垒	基于化学反应与能量变化视角进一步了解氧化还原反应。学生对于氧化还原反应已建立基本的物质观和微粒观
教学与评价目标	①以"苹果变色"等生活现象为基础,进行氧化还原反应的实验探究。基于证据推理和实验探究,逐步理解氧化还原反应的概念,发展学生"证据推理与模型认知""科学探究与创新意识""宏观辨识与微观探析"等核心素养 ②基于上述证据得出氧化还原反应的基本概念,进一步总结出氧化还原反应的本质	①透过水果电池出现微电流的现象分析原电池的形成条件 ②通过现象判断原电池的正负极与氧化还原反应的关系

本单元的知识点是氧化还原反应,其认知模型见图6.1。教学方法是基于"理解为先"理论的逆向教学法。学生需要发展的核心素养是"证据推理与模型认知""科学态度与创新精神""宏观观念与微观探析"等。

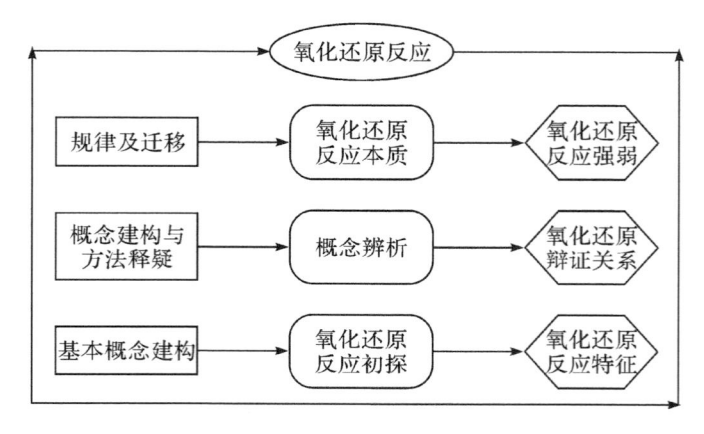

图6.1 氧化还原反应的认知模型

结合教材内容,确定氧化还原反应的教学方法,见图6.2。

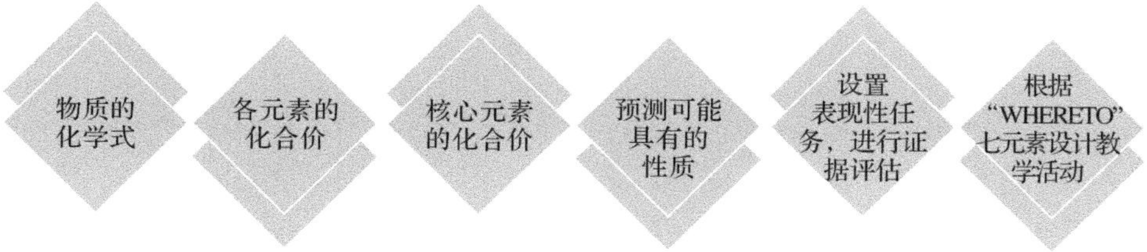

物质的化学式 → 各元素的化合价 → 核心元素的化合价 → 预测可能具有的性质 → 设置表现性任务,进行证据评估 → 根据"WHERETO"七元素设计教学活动

图6.2 氧化还原反应的教学方法

基于氧化还原反应在教材知识内容中的核心地位,结合学生的认知特点,确定氧化还原反应的教学目标、教学策略,对学生可能发展的能力做出预测(见表6.2)。

表6.2 氧化还原反应的教学目标与教学策略

教学目标	教学策略	学生可能发展的核心素养
从电子得失的角度对氧化还原模型进行区分	根据学生已有经验,从化合价视角认识氧化还原反应,并以实物进行展示	建立认识化学反应的新视角
基于氧化还原反应的基本模型,认识物质具有的氧化性和还原性	从宏观角度出发,根据反应物与生成物的特征判断基本反应	能够基于物质的化合价发展预测物质性质
应用氧化还原反应模型研究物质的制备和转化,认识氧化还原反应在物理量转化方面的重要应用	从微观视角认识氧化还原反应,探索氧化还原反应的本质	利用氧化还原反应认识物质相互转化的条件
建构氧化还原反应模型,运用模型去解决生产生活中的真实问题	实验探究和理论释疑相结合	培养社会责任感

根据"理解为先"理论，在两个小节中设计了多个学习任务模块，并在每个学习任务模块中设置了表现性任务和具体的评价量规。学生可以根据这些评价量规来检测自己完成学习任务的情况。完成每个表现性任务后，学生要及时给自己评定一个等级。这个等级将作为判断学生学习成果的依据之一。

在每个小节的学习结束后，要求学生用自己喜欢的方式对所学知识进行总结，并以图文并茂的实践作业来进行表现。这个实践作业也将作为判断学生学习成果的一个依据。将学生的完成情况分为 3 个等级。等级 1 表示学生能够以清晰的逻辑整理出所有知识点，并能够将知识应用到实际生活中。同时，作业以文字和图片的形式呈现，有较强的趣味性。等级 2 表示学生能够总结出所有知识点（尽管逻辑上还有些问题），能够将一部分知识与实际生活相联系。但作业的内容不够丰富，文字较多、图片较少，或者全篇都为文字，趣味性稍欠。等级 3 表示学生仅仅罗列了知识点，没有考虑知识点之间的逻辑顺序，或缺少了太多知识点，或无法将知识与实际生活相联系。

对上述教学目标、教学策略和学生可能发展的核心素养进行预判，并以"WHERETO"七元素为指导，进行教学设计（见表 6.3）。

"理解为先"的教学设计是以学生为主体，构建真实情境，帮助学生初步建构概念。这样的设计环节能够很好地评价学生的认识思路和层次。从化学史出发，基于特定时期化学家的认识，引入氧化还原反应的观点，通过对其观点的描述加深学生对氧化还原反应的理解。结合实验现象，学生能够在微观和宏观层面建立联系，理解氧化还原反应的本质。教师以学生已有认知经验作为教学的出发点，引导学生建构氧化还原反应基本模型来发展学生的核心素养，建构真实情境，让学生借助氧化还原反应的基本模型解决生产生活中的实际问题，从而增强了学生的学习体验，使知识理解成为学生学习知识的价值体现。

基于"理解为先"理论的高中化学教学案例分析

表6.3 氧化还原反应的教学设计

教学过程	教师活动	学生活动	具体评估依据
真实情境构建	将苹果切成小块，放置在表面皿上，分给学生观察。（信息提示：发生变色反应主要是因为这些植物体内存在着酚类化合物。例如，多元酚类、儿茶酚、酚类化合物易被氧化成醌类化合物，即酚类变色反应变成黄色。随着反应的量增加，颜色逐渐加深，最后变成深褐色）	学生观察苹果表面颜色变化，思考原因，尝试从信息中寻找答案	帮助学生初步建立氧化还原反应概念，通过真实情境创设激发学生兴趣。学生基于已有认知，初步认识氧化还原反应
实验展示	(1) 演示实验 分别观察钠粒、氯气、氯化钠，以及钠在氯气中的燃烧。 (2) 启发性问题 ①钠和氯气在没有反应之前是什么状态？ ②钠在氯气中燃烧产生白烟，就物质组成而言它是否发生了明显的变化？你能否从微观视角分析宏观现象？ ③结合PPT中氯化钠的原子结构示意图，试着画出反应的微观示意图和电子的转移。 ④明确氧化还原反应的定义和特征	小组讨论，陈述预测；观察到实验后，修改自己的意见；想出与现象表达有关的关键词，写出思维框架表相应部分，然后将这些词按照一定的逻辑顺序组成句子和段落，最后完成思维框架教学模式一表达自己的看法，评价自己的内容	设置认知冲突，激发学生的探究欲望。基于氧化还原的视角，构建氧化还原模型

95

续表

教学过程		教师活动	学生活动	具体评估依据
引入化学史		引出本节课的主题"氧化还原反应"。著名化学家拉瓦锡的著作《化学基础论》中有这样一段话:"与氧化合的反应称为氧化反应,含氧化合物的反应称为还原反应。"引用这句话来进一步引发学生的思考,并质疑:氧化还原反应一定要有氧参与吗?通过反例修正拉瓦锡的定义,并总结得出"有化合价升降的反应称为氧化还原反应"	通过了解化学史,学习氧化还原反应的基本特征,能够使用氧化还原反应的概念构建知识体系	通过引入化学史,掌握判断氧化还原反应的基本方法,培养学生的证据意识
实验创设		给学生提供新鲜的苹果和柠檬水,为学生提供适当的试剂和实验器材,引导学生进行现象概述	学生进行实验,完成实验现象的记录,并能够基于干氧化还原反应视角分析柠檬水的作用	通过生活中的实验创设,让学生能够理解氧化还原反应与生产生活的联系,认识深入探究氧化还原反应进行深入探究,能够通过氧化还原反应理论模型去设计实验验证,提高运用模型的能力

96

(3) 氧化还原反应的教学案例分析

化学学科基本概念构建是化学教育中的重要环节,旨在将化学知识系统化、科学化、逻辑化,从而更好地服务于化学教学。氧化还原反应是化学学科的核心概念之一,是认识化学变化的基础。构建化学反应的基本概念需要系统地梳理氧化还原反应的定义、分类、特征、类型、反应条件等方面的知识,并将其有机地结合起来。同时,分析氧化还原反应的过程对于消除学生的迷思概念有重要的作用。基于"理解为先"理论的真实情境创设,有助于学生构建化学反应基本概念。教师可以借助下列几个方法,更好地帮助学生理解氧化还原反应的基本概念并形成知识迁移,理解化学知识的内在逻辑。

①梳理已有知识。在构建化学反应基本概念之前,教师可以引导学生将之与已有的知识经验建立关联,形成新的知识区。例如,本章示例提供的苹果果肉颜色变深的实验探究,即是基于真实情境,让学生通过苹果的颜色变化去认识氧化还原反应的基本特征,并通过拉瓦锡实验将之与学生已有的知识经验建立关联,帮助学生更好地理解化学反应的本质和特征。

②分析概念内涵。在构建化学反应基本概念的过程中,教师需要深入分析氧化还原反应的本质特质,解释其本质,即发生氧化还原的本质是得失电子(或电子的偏向)。

③构建概念框架。在学生理解了化学反应的本质特征后,教师需要构建一个清晰的概念框架,使学生能够将化学反应的相关知识有机地结合起来,形成一个完整的概念体系。

6.1.4 化学学科基本概念建构的教学启示

(1) 基本概念建构是化学学科课堂高质量发展的重要保障

化学学科基本概念的构建对于化学学科的发展具有至关重要的作用。具体来说,化学学科基本概念的建构能够为化学学科的研究提供坚实的基础,有助于化学学科的深入发展。此外,化学学科基本概念的构建还能够提高化学学科的教学质量。化学学科的教学质量直接关系到化学课堂的深化改革。"理解为先"的化学课堂具有丰富的教学内容、多元化的教学手段,可以为培养高质量的化学人才提供强大的支持。

(2) 基本概念建构是深化教学设计的有效手段

"理解为先"的教学模式应用于化学学科的课堂改革,可以促进学生基本概念的建构。教师选择适当的教学内容、教学方法、教学资源,以及多元化的教学手段,有助于学生准确理解和把握化学的相关知识。教师选择合适的教学策略对提高教学效果具有积极作用。教师经过反复实践,并通过大量的实证研究、习题模拟、实验探究等,将基本概念解构为化学逻辑框架,然后借助"理解为先"的教学模式,以表现性任务的设置,将基本概念建构融入课堂教学。学生基于教师创设的真实情境,将已有经验与新知识建立关联,不断深化对基本概念的理解。如讲解、演示、实验、讨论等多种教学策略的有效融合,可以帮助学生更好地理解和掌握化学学科的基本概念。

教师还应当注重学生的自主学习。在教学实践中,教师应当鼓励学生自主学习,引导学生主动探索化学学科的基本概念。教师可以通过提供学习资源、组织学习小组等方式,帮助学生进行自主学习。同时,教师还应当注重培养学生的自主学习能力,让学生能够在学习中不断自主探索和发现。

6.2 金属元素化合物知识体系的构建——以补铁剂"富马酸亚铁"为例

6.2.1 研究缘起

《普通高中化学课程标准(2017年版2020年修订)》提出,要充分挖掘各学科课程教学对全面贯彻党的教育方针,落实立德树人根本任务,发展素质教育的独特育人价值。真实、具体的问题情境是学生化学学科核心素养形成和发展的重要平台。化学源于生活,却高于生活。当下,高中生的化学学习局限在教科书和习题的"一亩三分地",其无法正确理解化学学科知识的奥妙与精微。教师的教学与学生的学习是分开的,学生难以思考真实情境下的化学知识,形成科学家的思维模式,也难以培养终身学习的能力。

"理解为先"的教学模式打破了传统"填鸭式"教学的禁锢,注重学生核心素养的发展。教师应创设真实情境,认真审视学习者已有学习经验,使之与学习者掌握的新的知识内容建立关联,从而帮助学习者更好地理解知识和技能,发展学习者终身学习的能力。终身学习能力是实现中国式教育现代化重要指标。化学学科的知识构建是学生思维的活化和知识体系的完善,预设学生可能获得的学习结果,设置正确的评估方式,设计学生的学习体验活动。教学实施途径如图6.3所示。

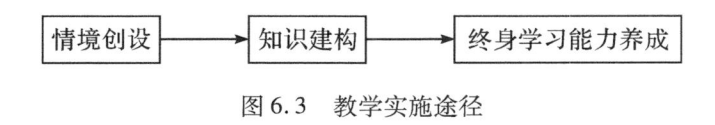

情境创设 → 知识建构 → 终身学习能力养成

图6.3 教学实施途径

"理解为先"的教学模式诠释了课堂教学的实际意义,即课堂教学充分考虑教学主体学生的实际接受情况,聚焦学生的深度学习,深挖化学学科全面育人的价值。[1] 同时,强调学生通过实践来学习知识和技能,将具体的知识融入真实情境之中,培养学生"做中学""做中思"的能力。

6.2.2 真实情境素材的选取

真实情境还原了化学学习的真实性和生活性,同时最大限度地提升了

---

[1] 桑国元,叶碧欣,黄嘉莉,等.构建指向中国学生发展核心素养的项目式学习标准模型[J].中国远程教育,2023(6):49-55.

化学课程的实践性。化学是一门以实验为基础的科学。实验的实践性对培养证据推理的素养具有重要作用。[①] 元素化合物知识的学习基础是透过现象揭露本质,将基础实验和生活实验相融合;通过现象去描述变化的本质,建立宏观和微观之间的联系,促进学生对知识的深刻理解。

选取人教版(2019年)高中化学教材必修部分"铁及其化合物"中的不同铁元素价态之间的转化,让学生认识到丰富多彩的"铁世界"——遥远的"铁器时代"、赫赫有名的丹霞地貌、人体中重要的微量元素铁。铁元素的重要性不言而喻。因此,铁及其化合物不仅是知识点,更是生活中不可或缺的常识。铁元素在人体中参与血红蛋白的合成,人体内血红蛋白不足,就会造成人体缺铁性贫血。

生活中缺铁性贫血人群占比较高。为帮助人体更好地补铁,选择合适的补铁剂显得尤为重要。将生硬的化学知识与生活常识进行融合,将学生置于真实的生活环境之中,能使其更好地将知识与生活建立联系,从而使知识不再是"死板"的,而是富有生活气息的。将生活中常见的补铁剂富马酸亚铁搬入化学课堂中,使化学课堂具有生活性,同时也使化学课堂变得更加生动,不再是为了实验而实验,真正做到了将学生素养发展融入课堂教学。

选择富马酸亚铁作为本次研究的对象,是因为:第一,富马酸亚铁的物理性质明显,方便学生观察,可以避免学生走入知识误区。学生容易主观地认为富马酸亚铁是浅绿色即亚铁离子的颜色,从而产生误判。第二,富马酸亚铁价格便宜,被称为反丁烯二酸铁,是市面上常见的补铁剂之一。其铁元素丰富,高达33%,且难被氧化,不良反应较少,而且起效快。铁元素是人体必需的微量元素之一,对于维持人体正常的生理功能和健康状态具有重要

---

① 季文彭,李智.挖掘真实情境问题实验促成素养发展:以铁盐、亚铁盐的教学为例[J].化学教与学,2023(4):12-15,76.

的作用。探究富马酸亚铁中铁元素的价态及变化,对于学生认识生活中的铁元素具有重要作用。立足于生活素材,将生活素材融于课堂教学之中,使得教学有意义,知识有载体,学习者理解问题有深度。

本次教学设计主要是对富马酸亚铁中铁元素的定性检验。在这个过程中,学生应掌握 Fe^{2+} 与 Fe^{3+} 的转化与检验,借助实验学习,深化对物质及其转化的理解。同时,诊断实验探究的水平和认识物质的水平,形成物质探究的一般思路,从而提高"宏观辨识与微观探析""证据推理与模型认知""科学探究与创新意识"的素养水平。[①]

6.2.3 主题分析

（1）内容分析

铁及其化合物是人教版（2019 年）高中化学教材必修第一册第三章第一节的学习内容。其蕴含的知识点是学习者建构无机金属化合物知识体系的有效手段,有利于学习者正向迁移到无机化合物的学习之中,将冗杂的细小知识串联成完整的无机物知识大框架。这表现为:首先,铁元素的学习是对氧化还原反应和离子反应的进一步巩固。其次,对铁及其化合物的学习增加了学生认识的元素化合物的多样性,使学生能够辩证地认识元素化合物知识在日常生活中的价值体现。

富马酸亚铁的选择具有现实意义。首先,作为生活中常见的补血剂,它有助于学生认识化学的生活性。其次,富马酸亚铁中铁的价态验证体现了学生运用理论知识解决实际问题的能力。富马酸亚铁中铁离子的价态为正二价的亚铁离子。通过富马酸亚铁的实验探究,学生利用已经掌握的氧化还原反应理论,熟悉了铁元素不同价态的相互转化,深化了对铁的重要化合

[①] 张雄鹰.基于大概念的微项目教学设计:以"定性和定量探究黑木耳中的铁元素"为例[J].化学教与学,2021(8):23-26.

物性质的理解,了解了铁及其化合物在生产生活中的重要运用,提升了实验操作水平和科学探究能力。

(2)课标分析

《普通高中化学课程标准(2017年版2020年修订)》对金属及其化合物的学习提出了具体要求:能列举、描述、辨识典型物质重要的物理和化学性质及其实验现象;能用化学方程式、离子方程式正确表示典型物质的主要化学性质;能依据物质价态对相关实验现象进行验证,基于氧化还原理论分析实验现象给予正确的解释;能够根据物质的相关性质进行实验方案的选择、流程的设计,并根据实验现象解释物质的性质,预测物质对生产生活的影响。富马酸亚铁的学习对于发展学生"宏观辨识与微观探析"的核心素养具有指导价值。学生通过实验认识其内在变化的本质,更好地理解科学探究的实质。在真实的课堂之中,学生牢固树立化学服务于社会的正确价值观,这是化学学科独特育人价值的体现。

(3)学情分析

学生对铁及其化合物的相关性质有一定的了解,在日常生活中对铁也有丰富的感知。选择富马酸亚铁就是基于铁元素的价态的丰富性。但富马酸根离子中的碳碳双键对于初学者来说是陌生的,通过教师讲解,学生知道碳碳双键具有不稳定性、易被氧化,从而对亚铁离子起到保护作用,抑制亚铁离子被氧化。首先,可以通过设置富马酸亚铁的实验课,加深学生对氧化还原反应和离子反应的认识,从而更好地将理论模型应用于无机化合物的学习之中。其次,在日常的学习生活中,学生要能够基于物质性质,设置合理的化学实验操作,领会实验操作的意义。即学生要知其然,更要知其所以然,养成良好的实验操作习惯,提升实验技能和思维水平。本次实验课旨在帮助学生形成正确的实验逻辑,掌握必备的实验技能,继而发展学生的高阶思维。

6.2.4 教学设计思路

(1) 基于理论预测铁元素价态

根据人教版(2019年)高中化学教材,对铁及其相关化合物知识进行回顾,通过总结铁元素的相关价态,利用价类二维图(见图6.4)构建铁元素的相关化合物,并对木耳中铁元素存在的价态进行预测。

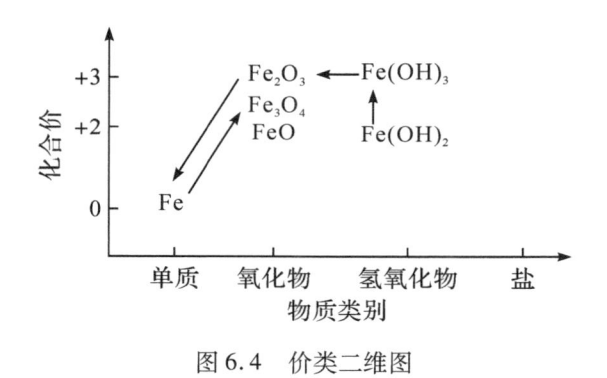

图 6.4 价类二维图

结合铁的相关价态的形式和铁的化合物的相关性质,对富马酸亚铁中的铁元素的价态形成初步印象,根据已有知识对富马酸亚铁的理化性质进行预测。

①三价铁离子的性质检验梳理

$Fe^{3+} + e^- = Fe^{2+}$(氧化性)。三价铁离子具有较强的氧化性,可利用氧化还原反应理论去验证三价铁离子,如淀粉 KI 等。

$Fe^{3+} + 3OH^- = Fe(OH)_3$(红褐色沉淀)。可利用特殊离子沉淀颜色进行分析。

$Fe^{3+} + 3SCN^- = Fe(SCN)_3$。生成血红色配合物,教科书中利用 KSCN 溶液作为检验铁离子的专属试剂,即以铁离子与 KSCN 溶液反应的唯一性为依据。

显色反应:铁离子可与苯酚反应生成紫色物质。六苯氧合铁离子溶液呈紫红色,也可用于铁离子的定性检验。

②亚铁离子的性质检验梳理

$Fe^{2+} - e^- =\!=\!= Fe^{3+}$(还原性)。基于还原性视角检验亚铁离子,如用氯水、酸性高锰酸钾等。

$Fe^{2+} + 2OH^- =\!=\!= Fe(OH)_2$,$4Fe(OH)_2 + O_2 + 2H_2O =\!=\!= 4Fe(OH)_3$。先产生白色沉淀,再变为灰绿色沉淀,最后变化为红褐色沉淀,通过沉淀颜色变化来判断。

铁氰化钾可检验亚铁离子,其作为亚铁离子的专属检测试剂,通过其颜色变化可判断是否存在 Fe^{2+}。

学生通过对铁的相关知识的梳理,能够有效地完成富马酸亚铁的实验设计,更加清晰地理解不同价态铁元素之间的转化路径,消除概念迷思。

(2)确立预期结果

以核心素养为导向的逆向教学设计,强调在实践中发展核心素养。学生通过设计实验,构建实验过程和方法,训练严谨的思维体系,并能按照计划完成整个富马酸亚铁中铁元素的性质分析。依据《普通高中化学课程标准(2017年版2020年修订)》的要求,确定教学目标,预测学习者可能发展的核心素养(见表6.4)。

(3)确立评估依据

物质的性质实验是整个高中化学学习的重难点。缜密、严谨的实验逻辑需要长期的训练才能习得。此外,铁是重要的无机金属元素,掌握铁元素及其化合物的学习方法对无机化合物的学习具有导向作用。元素化合物知识庞杂且零乱,教师需要在教学过程中充分考虑学生的认知特点,帮助学生构科学的知识体系,以便学生找到突破口,掌握元素化合物性质的学习策略,准确理解相关元素化合物在生产生活中的实际价值。教学评估是检测教学效果的重要手段,评估依据见表6.5。

表6.4 基于"理解为先"理论的教学设计的实施

确定预期结果：
①理解铁及其化合物的物理性质和化学性质，能以铁三角转化关系掌握及其变价元素的转化条件，发展学习者的"宏观辨识和微观探析"的核心素养。
②通过实验验证富马酸亚铁中铁及其化合物的性质，准确理解铁元素在生产生活中的应用，形成严谨、求实的科学态度和崇尚真理的意识。

基本问题：
①根据思维导图厘清铁及其化合物的脉络关系，掌握铁及其化合物的物理化学性质及其在生活中的用途。
②了解日常生活中人体缺铁会有哪些影响，补铁剂该如何进行选择；了解铁及其化合物在生产生活中有何应用价值，以及如何正确使用铁及其化合物。
③根据富马酸亚铁在水中的溶解性，设计实验验证富马酸亚铁中铁元素的价态，掌握铁及其化合物的基本检验方法，实现不同价态铁元素之间的相互转化。

学生将会理解：
①利用思维导图及类二维价图准确把握无机化合物的学习方法。
②物质检验的一般流程以及实验试剂的选择依据。
③实验方案的自主设计，实验现象变化现象的方法。
④从科学的视角解释生活中常见的化学现象的方法。

学生将会知道：
①专有名词释义：富马酸亚铁、碳碳双键等。
②生产生活中铁元素在生产生活中的重要作用以及对人身体健康的重要影响。
③常见补铁剂的正确选择以及补铁剂的用量把控。

学生将能做到：
①掌握富马酸亚铁的基本理化性质。以教科书为起点，梳理铁及其化合物的相关性质，以厘清富马酸铁中铁的价态为终点。
②掌握实验操作的基本方法，准确理解实验操作流程，科学解释实验现象变化原因。
③面对一些生活中常见的疾病，能够选择适合的补铁剂。
④能逐渐形成思维，对一个问题从多个方面进行思考，能够使用多种学习方法对化学零散知识点进行梳理，形成知识体系。

105

表 6.5　确立评估依据

项目	内容
学业要求	①根据元素价态预测物质的化学性质以及价态变化,说明物质转化的原因。 ②能从物质类别、元素价态的角度,设计常见物质制备、分离、提纯、检验等简单任务的方案。 ③能根据物质的性质分析其对生产生活及环境中的影响,说明妥善保存、合理使用化学品的常见方法。
评估标准	①基于已有知识经验,判断富马酸亚铁具有的性质。 ②分析富马酸根离子对亚铁离子的作用。 ③从元素价态的视角设计实验检验富马酸亚铁的性质,并能基于氧化还原视角解释物质变化的原因。
任务设置	真实情境创设:人体如果存在缺铁性贫血,应该如何选择补铁剂? ①子任务一:探究富马酸亚铁补铁剂的保存方法。 ②子任务二:探究如何使用富马酸亚铁。 ③子任务三:探究富马酸根离子的伴侣作用。

6.2.5　教学活动设计

(1)明确教学活动设计理念

教学活动的目标是探究富马酸亚铁中铁元素的价态,了解铁元素在生物体内的作用和重要性,明确化学与人类生产生活的紧密联系,帮助学生牢固树立正确的科学态度。学生通过实验设计,学习化学分析方法,掌握实验技能,形成证据意识,提升实验探究能力,能基于理论模型选择合理的实验方案进行验证。合理的问题链的设置有利于学生的概念建构。可结合预期发展的学生核心素养和教学评估依据,以真实情境任务及相关子任务为载体,完成整个教学活动。

(2)确定教学流程

铁被誉为土壤中的"绿色"元素。植物缺铁会导致叶绿素合成受阻而患黄化病,施铁肥后则会恢复生机。铁在人体中同样承担着重要作用,用于合成血红蛋白,防止人体因缺铁而发生贫血。铁在生产生活中的重要地位,决定了对铁及其化合物的研究是必然的、不可或缺的。但是补铁剂富马酸亚铁中的铁为二价铁,极易被氧化而丧失良好的补铁效果。所以,确保富马酸亚铁的有效性是研究的重点。

【设计意图】补铁剂富马酸亚铁中含有亚铁离子,在活动探究中能较好地渗透知识主线,因此应以补铁剂富马酸亚铁为课程的主线,如表6.6所示。

表6.6 教学活动的任务设置

子任务一:探究富马酸亚铁的保存方法	
问题链	设计意图
问题1:结合对铁及其化合物的知识梳理,你能否预测补铁剂中铁的价态?	设计意图:子任务一的问题难度层层递进,主要目的是引导学生认识实验方案的设计原理和实验操作的具体方法,小组之间对实验方案相互评价,培养学生发现问题和解决问题的能力,提升学生的科学探究意识和实验水平。
问题2:基于对亚铁盐性质的认识,你认为亚铁盐的保存需要注意什么?	
问题3:如果补铁剂变质了,铁的价态会如何变化?如何确定补铁剂的变质程度?请你设计实验。	
问题4:设计实验方案的一般方法和流程是什么?	
问题5:小组相互评价,不同小组的实验设计的优点和缺点有哪些?	

子任务二:探究如何使用富马酸亚铁	
问题链	设计意图
问题1:基于富马酸亚铁的水溶性情况,你认为可以采取何种试剂加强富马酸亚铁的水溶性?请说明理由。	子任务二的主要意图是让学生认识离子反应的发生条件,从而掌握物质溶解的方法;能够根据已有理论模型解释物质发生反应的原因,继而帮助学生构建"实验的一般方法→微粒基本性质、微粒间可能反应→运用模型解决实际问题→实验验证→得出结论"的框架,使学生能够运用已有知识解决复杂问题,从而培养学生解决高阶问题的能力。
问题2:根据陌生情境下发生反应的可能性,设计实验,验证富马酸亚铁变质的可能性,并用离子方程式或化学方程式解释现象发生的原因。	
问题3:富马酸亚铁在什么样的环境下可以长时间保存?	

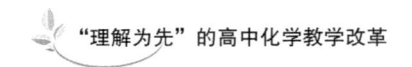

续表

子任务三:探究富马酸根离子的伴侣作用	
问题链	设计意图
问题1:根据你所掌握的知识,你预测富马酸(一种有机酸)可能起什么作用?	子任务三要求教师善于捕捉学习者认知过程中的障碍点,并寻找发展契机,给予学生一定的信息提示,促使学生进行深度思考。
问题2:试从氧化还原的角度分析富马酸亚铁中的富马酸能够作为很好的亚铁离子伴侣的原因。	

【信息提示】Fe^{2+}容易被氧化成Fe^{3+},例如,亚铁盐溶液被空气中的氧气氧化。有关离子方程式为:

$12Fe^{2+} + 3O_2 + 6H_2O \rlap{=}= 8Fe^{3+} + 4Fe(OH)_3$(无外加酸条件)。

$4Fe^{2+} + O_2 + 4H^+ \rlap{=}= 4Fe^{3+} + 2H_2O$(酸性较强环境)。

$4Fe(OH)_2 + O_2 + 2H_2O \rlap{=}= 4Fe(OH)_3$。

在通常情况下,氧化反应的速率:

$Fe(OH)_3 > Fe^{2+} >$ 酸性条件下的Fe^{2+}。

【教师活动】教师将小组按照实验需求进行分组,编为1、2、3组。自荐组长,负责小组的实验安全和实验数据的收集以及小组实验结论汇报。

【教师活动】提供试剂和仪器。试剂:富马酸亚铁、氯水、0.1mol/L硫氰化钾、0.1mol/L铁氰化钾、0.1mol/L硫酸溶液、0.1mol/L酸性高锰酸钾溶液、0.1mol/L氢氧化钠溶液。仪器:滤纸、抽滤装置、量筒、移液管、酒精灯等。

将富马酸亚铁分为3组,分别标位对照组,实验组若干。将木耳渣和溶液进行分离,将滤液分为3份,分别编为1、2、3号。

分别在1号试管中加入KSCN溶液、2号试管中加入氢氧化钠溶液、3号试管中加入酸性高锰酸钾,做对比实验。

小组成员记录实验现象(见表6.7),基于结果进行汇报。

表 6.7　实验记录表

步骤	1 号试管	2 号试管	3 号试管
现象	溶液变为血红色	产生血红色沉淀	酸性高锰酸钾溶液褪色
结论	存在 Fe^{3+}	存在 Fe^{3+}	说明存在还原性物质
(离子)方程式书写	$Fe^{3+} + 3SCN^- =\!\!=\!\!= Fe(SCN)_3$	$Fe^{3+} + 3OH^- =\!\!=\!\!= Fe(OH)_3$	

【教师活动】对学生活动进行点评,并对学生实验进行补充和说明。

6.2.6　基于"理解为先"理论的教学思考

(1)深化知识理解,凸显化学学科育人价值

基于真实情境的化学项目选择对于深化"铁及其化合物"知识点的理解具有重要意义。其选材贴近生活,将化学与生活实际相结合,突出了化学学科的可操作性及实践性,凸显了化学学科的育人价值。在解决补铁剂铁元素价态问题的过程中,学生查阅文献,设计实验方案,都是在逐步提升学科核心素养;而建构真实情境,设置多元化的探究路径,也在潜移默化中培养了创新意识和实践能力。本次实验彰显了化学学科的育人价值。

(2)思维突破,知识体系再构建

在常规的教师"满堂灌"、"填鸭式"课堂,学生被动接受信息,形成的知识体系是分散的,思维是局限的。"理解为先"的教学模式是将单一的知识点进行拆分,形成系统的知识体系和思维体系。通过评估预期结果,再确立评估依据,设置教学活动,步步紧扣,使学生打破了原有的思维壁垒,深化了对知识的理解。在学习过程中,组员的讨论、教师的指点,既有助于学生完善教学体系,也有助于学生加深对无机化合物的理解。

(3)转换认知角度,提升学生核心素养

铁及其化合物的学习,打破了传统教学的壁垒。逆向教学模式作为指

导模式,使整个教学显得富有条理。其由浅入深、层层递进,发展学生基于真实情境解决实际问题的高级能力,优化学生的认知结构,并以价类二维图作为学生对相同元素的不同价态进行转化的有效工具,使其对氧化还原反应的理论模型认知更加充分。"理解为先"的教学模式,极大地纠正了机械学习的弊端。在整个学习过程,学生对物质的认识更加全面,学生的核心素养得以稳健发展,为学习非金属及其化合物奠定了稳固的思维基础。"理解为先"的教学模式注重学生认知,在实践中深挖知识的深度,有助于培养学生正确的认识观、学习观。

6.3 非金属元素化合物知识体系的构建——以"食品添加剂"二氧化硫的性质探究为例

6.3.1 研究缘起

《普通高中化学课程标准(2017年版2020年修订)》在课程性质与基本理念中提到,依据化学学业质量标准,评价学生在不同学习阶段化学学科核心素养的达成情况,积极倡导"教、学、评"一体化,使每个学生的化学学科核心素养得到不同程度的发展。传统课堂大多数是以教师为主导,进行知识灌输,学生是被动的信息接受者,其对于知识的理解仅停留在表层,无法理解知识更深层的含义。因此,不难发现在高中化学教学过程中,学生的学习是死板的,记忆一堆"死知识",学生无法将知识进行迁移、拓展以及应用,难以形成发散性思维。另外,教师安排的教学活动有很大的随意性和主观性,缺乏明确的结果预期与检测,导致学生的学习情况和教师的心理预期出现较大的偏差。这就要求教师在教学过程中根据学生已有的认知特点进行教学设计。在新课标的指引下,教师的教、学生的学以及教学评价应完美融合,帮助学生将零散的化学知识内化为学生的已有经验,形成知识体系,提升学生核心素养。教师应改变传统教学模式,设计与学生的年龄、心理特征及认知结构相符合的课程,将新的教学模式和内容作为发展学生素养水平的重要载体①,依据化学课程标准的内容要求,确定教学目标,把握学生的学习方向,实现"教、学、评"一体化。

教师以课标为准绳,确立目标,明确学生对知识的理解应该到达什么程度;收集证据,精准把握学生对知识的理解程度;进行设计教学活动,帮助学生获得完整的知识学习体验,形成知识体系。基于"理解为先"理论进行教学设计,在一定程度上是对传统教学的冲击,也使教师在知识传授过程中获得新的体验和理解,对教师提高教学质量有着十分重要的作用。

6.3.2 "理解为先"理论与化学学科的融合

(1)"理解为先"理论与化学学科核心素养的契合

化学课程标准指出了学生在高中化学学科学习中应习得的核心素养和需要达到的何种素养水平,要求学生通过化学学科的学习,形成正确的价值观、必备品格和关键能力。"理解为先"理论打破了常规教学模式,教师反向进行教学设计,以学生理解为目标,为学生的高效学习提供保障。"理解为先"的教学模式注重激发学生的求知欲,强调因材施教,使每个学生都能得到发展,为学生的终身学习打下基础。因此,将"理解为先"理论与化学学科核心素养相融合,可以充分发挥化学学科的育人价值和知识引领作用。

(2)"理解为先"理论与化学事实性知识的融合

元素化合物知识属于化学事实性知识。化学事实性知识与物质化学事实性知识是指与物质密切相关的,反映物质的存在、制法、保存、用途、检验和反应等多方面内容的知识。在"硫及其化合物"的教学中,教师采用逆向

---

① 高晓靓,涂雪梅,卫艳新,等.基于理解为先理论的"硫及其化合物"单元教学设计[J].中学化学教学参考,2022(10):17-19.

教学法,创设真实情境,通过系列活动及实验设计,运用价类二维的元素观,构建元素化合物知识的理解图谱,将知识情境化、生活化,发展学生化学学科核心素养。

6.3.3 基于"理解为先"理论的"硫及其化合物"教学设计

硫及其化合物作为高中化学重要的元素化合物知识,在教材中承担着承上启下的作用。承上是指排在"物质结构元素周期表"的学习任务之后,学生已初步形成"位置—结构—性质"的认识,通过"硫及其化合物"的学习,能深化对"位构性"的理解;启下是指与人教版(2019年)高中化学教材必修第二册第八章"化学与可持续发展"遥相呼应,学生通过"非金属元素及其化合物"的学习,认识到化学与生产生活的密切联系,形成化学服务社会的意识,培养"科学态度与社会责任"的核心素养。基于此,确定本节课的教学设计流程(见图6.5)。

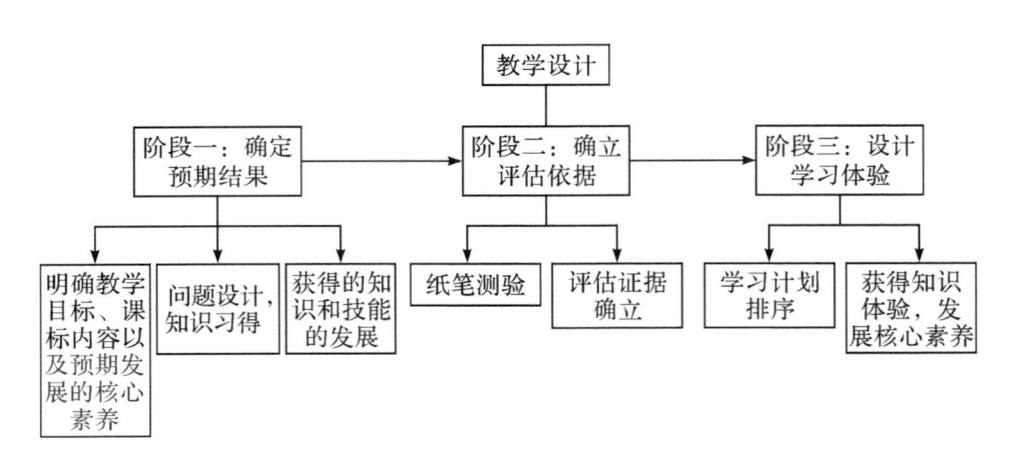

图 6.5 教学设计流程

(1)确定预期结果

硫及其化合物是人教版(2019年)高中化学教材必修第二册第五章第

一节的内容,是课标中"常见无机物及其应用"知识点的重要内容。排在元素周期律之后的新的元素化合物知识,是对非金属单质概念的再巩固,是氧化还原反应理论的升华,对学生形成物质转化观念起着重要作用。[①] 人教版(2019年)高中化学教材必修第二册第五章把硫、氮的氧化物的知识都纳入第一节,首先从人们熟悉的空气质量切入提出相关的4个问题。然后,分别从以下几个维度细致介绍非金属及其化合物:通过文字描述和实验观察学习硫、二氧化硫的理化性质;通过文字解释和实验探究的方式掌握二氧化硫的重要性质;循序渐进,培养学生的科学探究精神与创新意识;介绍硫氮及其化合物对大气的污染,介绍二氧化硫在红酒中的作用。引导学生关注人类面临的与化学相关的问题,有助于培养学生的社会责任感、科学态度和价值观。[②] 与此同时,鉴于硫元素存在多种价态,教师应帮助学生应用价类二维图解决陌生情境下的真实问题,使化学知识具体化、生活化和真实化。

在教学目标上,对照课程标准对无机化合物知识点的内容要求,可知硫及其化合物的相关内容是以"硫的转化"为线索,将这部分知识呈现出来,学生分别学习自然界中的硫、实验室里不同价态硫元素的转化、酸雨及其防治,研究不同价态硫元素间的相互转化,教师则及时向学生渗透转化观的思想。学生思考二氧化硫的独特性质,进行实验设计,加深对二氧化硫还原性、氧化性、漂白性的理解。教师基于学业水平要求,划分硫及其化合物的重难点,确定学生应该达到的水平,根据学生能否做什么事情及如何做事,来判断学生在学习硫及其化合物知识前后的能力水平和应用水平,以及在核心素养上的提升是否显著。依据课程标准的内容要求,确定教学目标(见表6.8)。

---

① 唐云波.从"知识本位"走向"素养为重"的元素化合物教学设计:以"硫及其化合物"教学为例[J].化学教学,2017(10):35-40.
② 江合佩,张仁波.高中化学元素化合物教学策略的实践研究[J].福建教育学院学报,2013(2):44-46.

表6.8 "硫及其化合物"教学目标

序号	课程标准的内容要求	教学目标及预期发展的核心素养
1	非金属及其化合物:创设真实情境中的应用实例,了解硫及其化合物的性质,培养学科核心素养	依据物质类别、元素价态,分析物质的性质;借助化学符号进行物质转化,知晓非金属及其化合物的常见价态;根据价类二维图,解释物质转化规律,形成元素观
2	氧化还原反应:化合价变化是认识氧化还原反应的基础。知道氧化还原反应的本质,能够判断氧化剂和还原剂;通过不同物质之间的价态变化,形成价类二维的元素观,从而培养"宏观观念与微观探析""变化观念与平衡思想"核心素养	能够从微观视角理解氧化还原反应的本质;能够基于元素价态,预测物质的化学性质,能够设计简单的实验,进行验证、分析,建立新的认识物质的维度,提升认知思维
3	元素与物质:认识元素可以组成物质;基于性质对物质进行分类,掌握物质之间相互转化的原理,了解物质变化,培养应用知识解决实际问题的能力,从而培养"模型认知和证据推理"核心素养	基于物质的性质,设计常见物质的制备、分离、提纯、检验等简单实验任务方案,认识这些物质在生产中的应用和对生态的影响,构建科学的思维框架,内化学习方式
4	物质性质及其转化:基于非金属化合物的多样性,实现物质的转化,树立"绿色化学"理念,培养"科学态度与社会责任"核心素养	根据物质的性质,分析实验室、生产生活及环境中的某些常见问题,能利用所学知识解决实际问题

教师应根据教学目标,合理设置可视化实验,帮助学生理解二氧化硫及其相关性质。学生通过查阅文献资料,初步认识二氧化硫,根据二氧化硫的性质设计实验。学生基于实验探究,思考二氧化硫的作用,辩证认识化学物质。教师可有意识地突出元素化合物知识的 STSE 教育价值,提升学生核心

素养。例如,可设置合理的、与学生的知识经验相关联的问题,促进学生理解,帮助学生完成硫及其化合物的知识框架的构建(表6.9)。

表6.9 预期结果设计

序号	问题设置	学生需要掌握的知识与预期发展的核心素养
1	氧化还原反应的本质是什么?绘制硫的原子结构示意图。通过电子式写出硫化钠的形成过程,说明硫的化学性质	能从微观视角理解氧化还原的本质是电子的转移;通过硫化钠的形成过程理解电子式的书写;注重知识与知识点之间的联系,形成完整的知识框架,发展"宏观辨识和微观探析"的核心素养
2	硫及其化合物的主要化学性质有哪些?绘制价类二维图,实现相同元素不同价态的转化。硫形成的化合物对生态环境具有什么样的影响,该如何解决?	通过价类二维图,厘清元素化合物的价态特征,并通过硫及其化合物的化学性质,明确相关化合物对环境的影响;能够根据已学知识解决实际问题,将知识内化为解决实际问题的能力,形成终身学习的美好品质
3	分析红酒中添加二氧化硫的作用。结合工业革命时期酸雨对建筑物造成的不可逆危害,谈谈对二氧化硫等化合物的认识。	通过真实的生活情境,了解元素化合物知识的多面性,形成对元素化合物的正确认识,形成"绿色化学"理念,培养"科学态度与社会责任"核心素养

教师在完成问题设置之后,明确学生对该节内容知识的构建应达到什么样的水平,以硫及其化合物的具体知识内容为载体,设置真实教学情境。学生根据二氧化硫的特性,完成相关实验设计;学会定性定量分析,掌握相关实验操作原理,培养独立思考能力。教师以核心素养发展为导向,设计合理的教学活动,学生分组学习、讨论,共同完成教学内容,形成学习共同体。通过本次学习,学生将掌握多个维度的知识和技能(见表6.10)。

表 6.10　学生将掌握的知识和技能

学生将掌握的知识	学生将掌握的技能
①理解非金属元素及其化合物的理化性质,知道硫等常见化合物在生产生活中的应用;根据硫及其化合物的理化性质,知道常见气体的制备、收集、检验的操作 ②理解二氧化硫的漂白性、还原性、氧化性,知道硫的多元价态;在理解氧化还原反应本质的基础上,进一步厘清物质转化过程 ③在生产生活中进一步认识相关元素化合物的性质、对社会发展的价值及对环境的影响 ④认识二氧化硫等非金属及其化合物在食品中的作用,掌握测定红酒中二氧化硫含量的理论方法,与国家标准进行比对,能够正确认识二氧化硫等非金属及其化合物	①通过元素化合物的学习,掌握了基本的实验原理,能进行物质的制备、分离、提纯等工作 ②能够使用价类二维图,设计实验进行常见物质的转化,构建元素化合物的知识联系,形成思维框架 ③查阅文献、视频,了解相关化合物对环境的危害,形成证据意识 ④开展定量、定性分析,形成缜密的逻辑思维

（2）确立评估依据

在本阶段中,教师通过确立评估依据来证明学生达到了阶段一的课程要求;通过证据收集,了解学生对硫及其化合物知识的理解程度。为了更好地收集证据,教师可设置表现性任务、纸笔测验、小组讨论及汇报、课堂问答等,通过多种途径判断学生所达到的水平（见图 6.6）。

无机化合物的学习将伴随学生整个高中阶段。同时,元素化合物知识繁杂,需要学生化零为整,建构有效的知识框架。这要求教师在元素化合物知识的教学过程中,充分考虑学生的认知特点,帮助学生建立微观和宏观的联系,设置真实情境,了解物质的理化性质及其在生产生活中的价值。元素化合物的教学目标主要是帮助学生建立基本的科学素养,使学生形成基本的物质观、元素观、分类观、转化观、结构观、实验观。

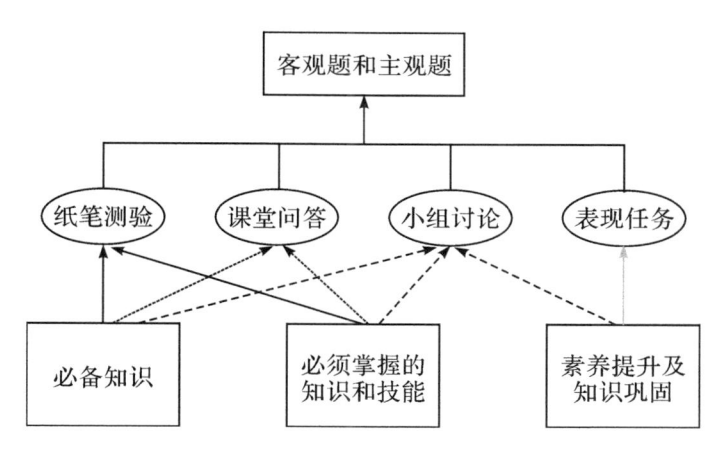

图 6.6 评估方法和知识掌握层次

综上所述,根据"理解为先"理论,结合阶段一的预期目标,确定阶段二的教学设计(见表 6.11)。

表 6.11 评估证据确立

表现性任务
任务 1:阅读材料,寻找二氧化硫的来源,知晓二氧化硫等物质对环境的危害;探讨非金属单质硫可能具有的化学性质。尝试利用元素周期律的"位置—结构—性质",对非金属单质及其用途进行解释。能够从多种角度进行设计理论分析,并基于理论进行实验方案的设计。
任务 2:学生查阅资料,掌握硫酸制备工艺和氮肥制备工艺,将其用化学语言进行描述,并明确物质在生产生活中的重要用途。
任务 3:查阅文献资料,了解氯气、二氧化硫、二氧化氮等物质对环境的影响,撰写小论文,谈谈对环境防治的理解,从而发展学生的科学态度与创新精神。学生查询资料,结合课本给出的文字信息,以小组的形式讨论二氧化硫在红酒中的作用,并能结合所学的二氧化硫的性质做出简要说明。
任务 4:二氧化硫在食品添加剂中可作为抗氧化剂,还有杀菌等作用,其在食品中的含量是否有严格控制?可采用什么方法进行食品中二氧化硫的含量测定?进行实验设计,掌握定量分析事物的方法。

续表

其他证据
（1）课堂问答与观察 　①请根据课前学习说出氧化还原反应的特点；通过化学方程式或者离子方程式阐述二氧化硫形成的途径。 　②简述食品中加入少量二氧化硫或硫代硫酸钠的作用，并能够通过数据分析食品中二氧化硫的含量，掌握物质的定性分析和定量分析的方法。 　③通过硫及其化合物的学习，绘制价类二维图，知道物质的转化过程，并归纳常见气体的制备流程。 　④简要说明硫酸性酸雨、硝酸性酸雨的形成过程，知道硫氮及其化合物对于环境保护和社会发展的作用，关注人类面临的与化学相关的问题。 （2）随堂测试，可以通过知识问答的形式进行检验，也可通过小组提问进行。 （3）纸笔测验，主要考查非金属及其化合物相关知识，以选择题、实验题、流程题为主。 （4）小组讨论，交流对非金属及其化合物的理解、目标达成情况及其他疑问。
学生的自我评价和反馈
（1）你在今天的课堂上学到的主要知识点是什么？还需要解决的问题是什么？ （2）请根据本节教学内容绘制思维导图或者元素概念图，准确绘制价类二维图，通过价类二维图正确认识物质之间的转化。 （3）对照本节内容学习目标，反思自己的学习目标达成情况。 （4）通过学习本节内容，你最大的收获是什么？根据已有经验，你形成了怎样的知识体验？你还有什么困惑？

（3）设计学习体验

基于"理解为先"理论，在该阶段教师应设计行之有效的学习活动开展教学活动。学生在此过程中获得预期结果，并在教师指导下，掌握必备的知识和技能，从而发展核心素养。学生需要绘制硫的价类二维图，根据价类二维元素观和氧化还原理论模型，完成硫及其化合物的物质转化流程设计。

学生通过查阅资料，初步了解二氧化硫的实验室制备的原理，了解食品添加剂中二氧化硫的作用；通过设计实验探究红酒中二氧化硫的作用及含量测定，完成定性、定量分析工作。与此同时，教师根据表现性目标，以离子反应为背景，以元素周期律非金属性变化规律为导引，以学科素养为导向，实现教材内容和教育资源的有效整合，基于真实情境开展教学活动。教师以食品中二氧化硫的作用探究为任务，进行小组划分。教师根据学生基本学情，提供实验器材、药品及必要的相关实验操作安全讲解，满足学生的学习需求，从而促进学生素养水平的提高。由此，师生协同共同完成预期目标。整个学习体验流程见图6.7。

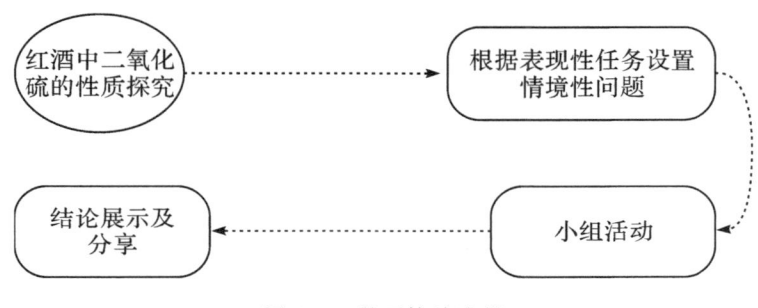

图6.7 学习体验流程

①基础知识体验，关注"WHERETO"七要素

【教师活动】教师播放第一次工业革命后环境污染的视频，引入未经过处理的煤燃烧生成二氧化硫及氮氧化物对环境的危害。

【教学目的】保持学生学习兴趣（H），使学生明白硫及其化合物对环境的危害。

【教师活动】呈现文字描述性材料和视频，学生总结硫单质的化学性质。

【学生活动】学生初步认识到硫具有氧化性和还原性。

【教师活动】请同学们选择实验试剂，验证硫单质具有氧化性和还原性，并思考硫单质附着在试管壁上该如何去除。

【教学目的】知识探索，利用已学知识解释原因（E）。学生形成独立思考的行为习惯，培养学生寻找证据的能力。

【学生活动】硫单质在氧气中燃烧：$S + O_2 =\!=\!= SO_2$（S具有还原性）。

残留在试管壁的硫单质可用热的氢氧化钠溶液除去：$S + 6NaOH =\!=\!= 2Na_2S + Na_2SO_3 + 3H_2O$。

由上述步骤可知,硫单质既具有氧化性又具有还原性。

【教师活动】教师给学生介绍基本问题、表现性任务及对学生的期望。

【教学目的】明确教学目标、学习效果(W)。

②基于生活实际的活动探究体验

【教师活动】向学生展示红酒的主要成分表,并向学生提供阅读材料,指导学生上网查询食品添加剂的物质类别。

【学生活动】学生上网查询信息和阅读资料,探究食品添加剂中二氧化硫的作用原理,明白二氧化硫等化合物在生产生活中具有重要价值(见表6.12)。

表6.12　常见食品添加剂

序号	常见食品添加剂	化学名称
1	防腐剂、抗氧化剂	亚硝酸钠、二氧化硫、维生素C、苯甲酸钠等
2	着色剂、增味剂	柠檬黄、谷氨酸钠

学生通过查阅资料,了解食品添加剂使用原则和使用剂量,绘制成表格(见表6.13)。

表6.13　食品添加剂类别及使用量

序号	食品添加剂类别	食品添加剂添加范围		最大使用量(g/kg)
1	防腐剂	苯甲酸及其钠盐	果蔬汁类饮料	1.0
			酱油、醋、酱制品	1.0
			腌渍的蔬菜	1.0
		二氧化硫	果酒、葡萄酒	0.25
2	抗氧化剂	维生素C	去皮的鲜水果	5.0
3	着色剂	柠檬黄	果汁饮料	0.1
4	增味剂	谷氨酸钠	食物	10

根据学生汇总的食品添加剂,选择红酒中的二氧化硫作为本节课的案例进行研究,发展学生的化学学科核心素养。

【教师活动】布置学生任务。教师提供素材;学生总结食品中二氧化硫的作用,对二氧化硫的作用进行分类,并做出解释。教师进行评估。

【学生活动】总结食品中的二氧化硫的作用,并依据性质进行分类(见图6.8)。

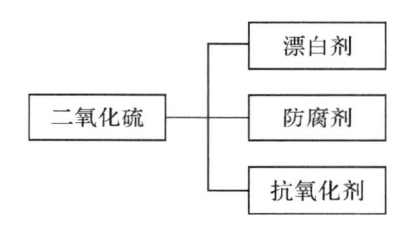

图6.8 二氧化硫用途

【教学目的】学生自主进行知识探索(E),学生对本次活动进行评估(R),最后基于活动进行知识反思(E-2)。

【学生活动】学生总结二氧化硫在食品中的性质,设计实验进行性质验证。教师提供实验器材、实验药品($Na_2S_2O_5$代替二氧化硫),记录实验数据及现象。组员之间相互评价。

学生设计实验流程,如图6.9所示。

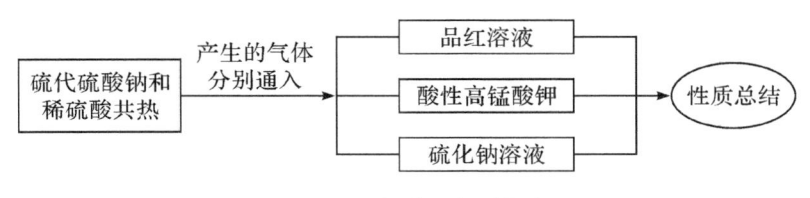

图6.9 二氧化硫性质探究

学生整理上述反映的实验现象,汇报实验结果,并绘制成表格(见表6.14)。

表 6.14 二氧化硫性质探究

序号	原料	实验现象	化学方程式
1	硫代硫酸钠和稀硫酸	有气体生成,淡黄色沉淀	$Na_2S_2O_3 + H_2SO_4 =\!=\!= Na_2SO_4 + SO_2 + H_2O + S$
2	品红溶液,然后加热	品红溶液褪色,加热恢复至红色	
3	酸性高锰酸钾溶液	酸性高锰酸钾溶液褪色	$5SO_2 + 2KMnO_4 + 2H_2O =\!=\!= K_2SO_4 + 2H_2SO_4 + 2MnSO_4$
4	硫化钠溶液	产生淡黄色沉淀	$2S^{2-} + 2SO_2 + 4H^+ =\!=\!= 3S + 2H_2O$

学生根据实验结果描述二氧化硫在食品中起到的作用,并与课本相应内容对照,分析、解释原因。教师对学生的结论进行补充说明。

【教学目的】学生自主探索知识(E1),并基于实验现象,进行知识反思(E1)。教师对学生的实验操作及实验现象进行评估(E2)。

【教师活动】根据二氧化硫的性质解释生活或实验中的现象,判断说法是否正确("生活中利用活性炭进行吸附性漂白和'84 消毒液'的漂白与二氧化硫的漂白原理是否一致?")。

【教师活动】通过实验分析,运用已学知识解释二氧化硫在红酒中的作用。对比之前所学习的硫的氧化物和氮的氧化物对环境的危害,能够深入理解化学物质对人类生活的价值和意义。

【教师活动】过量二氧化硫对人体具有不可逆性的危害。根据国家标准,对食品中二氧化硫进行定量分析。对葡萄酒中的二氧化硫采用氧化还原滴定法进行定量研究。

【教学目的】学生掌握定量、定性分析方法,学会实验仪器的简单操作,培养严谨的科学态度与创新精神(T)。学生自主设计实验,深入理解硫及其化合物的性质(O)。

【教师总结】总结学生的学习成果,对学生完成的实验报告进行点评,对二氧化硫的相关性质进行补充说明。正确认识化学物质,辩证地看待身边化学物质与人类生活的联系,培养学生解决实际问题的能力。

③"性质决定用途"深度理解体验

"性质决定用途"是化学学科的基本特征。化学实验是将化学性质可视化的一种手段,是学生深入学习物质性质的重要途径。通过设置红酒中的二氧化硫真实情境案例,打破学生对二氧化硫的传统认知,促使学生辩证地认识化学物质对环境的影响,形成强烈的社会责任感。学生通过文献查阅及实验报告的撰写,深刻理解化学物质变化的过程,深刻理解"性质决定用途"的含义。

学生通过定性和定量实验分析,融合价类二维图,将元素观融入元素化合物知识的学习之中。适当的化学学习方法,是学生学习化学的桥梁。同时,化学实验设计对发展学生的"科学探究与创新意识"核心素养起着重要作用。

6.4 "理解为先"理论视野下的教学设计展望

6.4.1 结果引导,实现"教、学、评"一体化

学生始终是学习的主体,教师应在学生学习活动中扮演引导者的角色,使学生形成持续性学习理念。基于"理解为先"理论进行的教学设计,通过"教学目标确定→教学评价实施→教学活动设计"的整个流程,打破了原有的以活动设计进行教学的禁锢。这样的教学活动更有针对性。以非金属硫及其化合物为例,学生固有经验认为硫及其化合物对环境有危害,而忽视了化学物质的双面性;但以二氧化硫在红酒中的作用为探究案例,通过评估证

据收集,确定学生水平,设置真实情境,以学生为主导,完成整个实验设计过程,有助于学生构建完整的思维体系,将知识内化,从而真正理解二氧化硫的性质,继而奠定好学习元素化合物的基础。最后进行科学检验,实现了真正意义上的"教、学、评"一体化。

6.4.2 资源整合,落实核心素养发展

教师应充分了解学生的认知特点,结合教学内容,整合最优的教学资源,进行教学任务设计,解决学生在学习过程遇到的疑难问题。例如,在学习硫氮及其化合物时,课本中对于其描述停留在对环境的危害层面,虽然对其价值略有介绍,但显得不足。因此,如何让学生辩证地认识化合物就显得格外有意义。设计生活中常见的食品中添加剂学习活动,学生可通过查阅文献,养成证据意识;引导学生构建元素的价类二维图,从微观视角明确物质之间的相互转化,形成宏观与微观认识;基于证据,设计实验,通过定性和定量分析,像科学家一样去探索,提升其科学探究的能力。在"理解为先"理论指导下落实学生核心素养发展具有重要意义。

6.4.3 体系构建,深化知识理解

基于"理解为先"理论的教学设计,可以更好地组织结构化知识,更有利于学生对知识的理解和应用,达到教学设计的整体性。学生以红酒中的二氧化硫的实际作用这一真实情境为引导,利用物质之间的转化原理探究二氧化硫的作用;学生通过价类二维图学习不同价态硫元素之间的转化,为解决实际问题做好知识与思维铺垫。教师在进行教学设计时注意知识的连贯性。每一种非金属元素都具有其独一无二的性质特征,在不同的非金属元素之间构建起知识关联就显得十分重要。教学活动环环相扣、层层深入,学生对知识的理解则更加深刻。

6.5 小　结

化学是一门实验科学,需要学生通过实际操作来掌握知识。"理解为先"的教学模式注重真实情境创设,重视在生活经验与学生已有知识体系之间建立关联,从而帮助学生更好地理解和应用所学知识。

"理解为先"的教学模式在化学课堂中的优越性主要表现在三个方面。

首先,重视学生对基础知识的概括。化学是一门需要严谨思考和细心观察的学科。化学学科在高中阶段的教材内容,可以分为化学事实知识、化学理论性知识、化学技能性知识。采用"理解为先"的教学模式建构知识与知识的内部联系,有助于学生深入理解化学概念,掌握化学知识,进而内化为自身的知识体系,并能够将其应用到实际生活中。

其次,化学是一门以实验为基础的科学,强调化学实验操作的真实性以及实验技能的严谨性。基于"理解为先"理论设计教学过程,有助于提升学生动手实验的能力和实验操作的准确程度,帮助学生掌握化学学科的科学思维。这也正说明了化学注重实验者的严谨性和创新性。

最后,"理解为先"的教学模式在化学课堂的具体实践对于培养学生的科学素养和逻辑思维能力具有举足轻重的作用。"理解为先"的教学模式主张创设真实情境,促进学生更好地理解化学原理,提升科学思维能力,提高科学素养,形成化学学科核心素养,从而为中国教育体系的深入改革提供更加精确的思路。"理解为先"的教学模式强调深入课堂,以表现性评价贯穿化学课堂教学的始终,激发学生的学习兴趣和动力,提高学生的学习效果和教师的教学质量。

附录

化学课程标准普通高中(2017年版2020年修订)

（附录1"化学学科核心素养的水平划分"）

素养水平	素养1　宏观辨识与微观探析
水平1	能根据实验现象辨识物质及其反应,能运用化学符号描述常见简单物质及其变化,能从物质的宏观特征入手对物质及其反应进行分类和表征,能联系物质的组成和结构解释宏观现象。
水平2	能根据实验现象归纳物质及其反应的类型,能运用微粒结构图式描述物质及其变化的过程,能从物质的微观结构说明同类物质的共性和不同类物质性质差异及其原因,解释同类的不同物质性质变化的规律。
水平3	能从原子、分子水平分析常见物质及其反应的微观特征,能运用化学符号和定量计算等手段说明物质的组成及其变化,能分析物质化学变化和伴随发生的能量转化与物质微观结构之间的关系。
水平4	能依据物质的微观结构,描述或预测物质的性质和在一定条件下可能发生的化学变化,能评估某种解释或预测的合理性;能从宏观与微观结合的视角对物质及其变化进行分类和表征。

素养水平	素养2　变化观念与平衡思想
水平1	能认识到物质运动和变化是永恒的,能归纳物质及其变化的共性和特征,能认识化学变化伴随着能量变化;能根据观察和实验获得的现象和数据概括化学变化发生的条件、特征与规律。
水平2	能从原子、分子水平分析化学变化的内因和变化的本质,能理解化学反应中量变和质变的关系;能从质量守恒,并运用动态平衡的观点看待和分析化学变化;能运用化学计量单位定量分析化学变化及其伴随发生的能量转化。
水平3	形成化学变化是有条件的观念,认识反应条件对化学反应速率和化学平衡的影响,能运用化学反应原理分析影响化学变化的因素,初步学会运用变量控制的方法研究化学反应。
水平4	能从不同视角认识化学变化的多样性,能运用对立统一思想和定性定量结合的方式揭示化学变化的本质特征;能对具体物质的性质和化学变化作出解释或预测,能运用化学变化的规律分析说明生产、生活实际中的化学变化。

素养水平	素养3　证据推理与模型认知
水平1	能从物质及其变化的事实中提取证据,对有关的化学问题提出假设,能依据证据证明或证伪假设;能识别化学中常见的物质模型和化学反应的理论模型,能将化学事实和理论模型之间进行关联和合理匹配。

续表

素养水平	素养3 证据推理与模型认知
水平2	能从宏观和微观结合上收集证据,能依据证据从不同视角分析问题,推出合理的结论;能理解、描述和表示化学中常见的认知模型,指出模型表示的具体含义,并运用于理论模型解释或推测物质的组成、结构、性质与变化。
水平3	能从定性与定量结合上收集证据,能通过定性分析和定量计算推出合理的结论;能认识物质及其变化的理论模型和研究对象之间的异同,能对模型和原型的关系进行评价以改进模型;能说明模型使用的条件和适用范围。
水平4	能依据各类物质及其反应的不同特征寻找充分的证据,能解释证据与结论之间的关系;能对复杂的化学问题情境中的关键要素进行分析以建构相应的模型,能选择不同模型综合解释或解决复杂的化学问题;能指出所建模型的局限性,探寻模型优化需要的证据。

素养水平	素养4 科学探究与创新意识
水平1	能根据教材中给出的问题设计简单的实验方案,完成实验操作,观察物质及其变化的现象,客观地进行记录,对实验现象作出解释,发现和提出需要进一步研究的问题。
水平2	能对简单化学问题的解决提出可能的假设,依据假设设计实验方案,组装实验仪器,与同学合作完成实验操作,能运用多种方式收集实验证据,基于实验事实得出结论,提出自己的看法。
水平3	具有较强的问题意识,能在与同学讨论基础上提出探究的问题和假设,依据假设提出实验方案,独立完成实验,收集实验证据,基于现象和数据进行分析并得出结论,交流自己的探究成果。
水平4	能根据文献和实际需要提出综合性的探究课题,根据假设提出多种探究方案,评价和优化方案,能用数据、图表、符号等处理实验信息;能对实验中的"异常"现象和已有结论进行反思、提出质疑和新的实验设想,并进一步付诸实施。

素养水平	素养5 科学态度与社会责任
水平1	具有安全意识,逐步养成严谨求实的科学态度,不迷信,能自觉抵制伪科学;能列举事实说明化学对人类文明的伟大贡献,主动关心与环境保护、资源开发等有关的社会热点问题,形成与环境和谐共处,合理利用自然资源的观念。
水平2	崇尚科学真理,不迷信书本和权威;具有"绿色化学"观念,能运用所学知识分析和探讨某些化学过程对人类健康、社会可持续发展可能带来的双重影响,并对这些影响从多个方面进行评估。
水平3	具有理论联系实际的观念,有将化学成果应用于生产、生活的意识,能依据实际条件并运用所学的化学知识和方法解决生产、生活中简单的化学问题;在实践中逐步形成节约成本、循环利用、保护环境等观念。
水平4	尊重科学伦理道德,能依据"绿色化学"思想和科学伦理对某一个化学过程进行分析,权衡利弊,作出合理的决策;能针对某些化学工艺设计存在的各种问题,提出处理或解决问题的具体方案。

7 基于"理解为先"理论的高中化学教学改革的功效与启示

《普通高中化学课程标准(2017年版2020年修订)》指出:"化学知识是培养学生化学学科核心素养的重要载体,化学教学是落实化学课程目标、引导学生达成化学学业质量标准的基本途径;化学学习评价是化学教学评价的重要组成部分,对于学生化学学科核心素养具有诊断和发展功能。教师在化学教学与评价中应紧紧围绕'发展学生化学学科核心素养'这一主旨,优化教学过程,有效提高教学质量,发展素质教育,落实立德树人根本任务。"基于"理解为先"理论的化学教学改革坚持以学生为中心,旨在通过优化传统教学模式,改变"填鸭式"教学,释放学生的创造力,提高学生的学习效率和自主学习能力。在"理解为先"的化学课堂,教师通过真实情境创设实现化学学科的育人目的,从而提升学生的核心素养水平,提高教育质量,加速培养创新型人才,满足现代社会对人才的需求。[1]"理解为先"的教学模式对教育质量的提升具有积极意义。传统的化学教学模式往往注重知识的传授和技能的训练,过分关注学生的成绩。学生往往是通过题海战术达到提分的目的,但这带来一系列的问题。例如,学生的情感需求被忽视,学生自主思考和探究的能力被抑制。基于"理解为先"理论的化学教学改革强调学生的自主学习,主张学生是学习的主体,将"教、学、评"一体化贯穿于教学

---

[1] 张春莉,杨雪.深化核心素养导向的学生学习评价改革[J].小学教学(数学版),2022(7):30-32.

的始终,鼓励学生通过自己的思考和探究来理解和掌握化学知识,不断提高认知水平和化学核心素养发展水平。

7.1 高中化学教学改革的功效

7.1.1 理论与实践相结合,助力真实情境课堂的创设

在化学教育领域,理论与实践的结合是提高学生学习兴趣和参与度,以及提升学生的知识理解和应用水平的重要手段。然而,如何将两者有效结合,构建真实情境课堂,进而实现化学课堂改革的目标,一直是教育工作者探讨和研究的热点问题。

"理解为先"的教学模式强调理论知识和实践技能的结合,以解决实际问题为驱动,提高学生的学习兴趣和参与度。学生在问题解决过程中,不断挖掘知识的潜在价值,运用理论解决实际问题,无形之中培养了科学思维和创新能力。

真实的问题是深化知识理解的重要基础。教师将真实的问题呈现在真实情境课堂中,可以使学生更好地理解化学知识的应用价值和实际意义,将知识与生活实际相结合,从而形成新的知识,加深对知识的理解和运用。[①] 例如,在化学课程中,通过展示学生日常接触的日用品、食品、药品,使学生能够独立分析物品中的化学成分,更深刻地认识化学知识在生产实际的重要作用,准确理解化学中提及的"绿色化学"思想,继而强化学生学习化学基础学科的崇高使命感。化学学科的真正价值在于育人。学生通过化学学科的学习,能够理解人与自然的关系、人与社会的关系,树立运用化学知识造

---

① 朱如琴.真实情境与化学课堂深度融合的教学实践:物质的溶解性[J].化学教育(中英文),2023(15):33-40.

福人类的崇高理想。"理解为先"的教学模式打破了"知识枷锁",通过创设真实情境,使化学知识具有实际意义。与此同时,学生对化学知识的理解更加深入。

然而,将理论与实践相结合并不是一件容易的事情。许多教育工作者在实践中遇到了挑战。例如,如何在理论教学中引入实践元素,如何设计有效的实践活动,如何评估学生的实践能力,等等。这些问题都需要教育工作者进行深入的研究和探讨。其可以参考已有的研究成果,结合自己的教学实践,寻找将理论和实践有效结合的方法。

化学教学改革是一个长期而复杂的过程,需要教育工作者投入大量的时间和精力。在这个过程中,教育工作者需要不断学习和更新知识,提高自己的教学能力。例如,可以通过阅读科学文献、参加学术研讨会和交流活动等方式,不断了解最新的教学理念和方法,为化学课堂教学改革提供理论支持。此外,教育工作者还可以通过实践探索,寻找将理论与实践有效结合的方法。例如,他们可以尝试新的教学方法,如项目式学习、探究式学习等,提高学生的学习兴趣和参与度。他们还可以通过观察和分析学生的学习过程,了解学生的学习需求和困难,从而调整教学策略,提高教学效果。

教育工作者还可以通过参加学术研讨会和交流活动,与其他教育工作者分享经验和心得,不断学习和更新知识,提高自己的教学能力,以促进化学教育的发展。在学术研讨会上,教育工作者可以分享自己的教学实践和研究成果,也可以听取其他教育工作者的心得和建议,从而提高自己的教学水平。此外,通过交流活动,教育工作者还可以结识志同道合的同行,建立良好的学术关系,共同推动化学教育的发展。

教育工作者还需要利用现代教育技术,如多媒体、网络等,来辅助教学,提高教学效果。通过现代教育技术,教育工作者可以更好地展示化学实验过程,提高学生的学习兴趣,同时,也可以为学生提供更多的学习资源,提高教学实效性。

学校需要注重教师队伍建设,提高教师的教学水平。教师只有具备丰富的教学经验和扎实的化学理论知识,才能有效地将理论与实践相结合,提高教学效果。教育部门应该加大对教师的培训力度,提高教师的教学水平,为化学教学改革提供有力的支持。

7.1.2 重视真实情境下的化学实验设计及反思,助力学生科学家思维的养成

学生需要更多的实践操作机会来更好地理解和掌握化学理论,化学实验是助力学生理解和应用化学知识的重要手段。[①] 然而,很多学生对化学的学习仅仅停留在简单的操作过程和结果的观察上,对实验设计及反思的重视程度不够。在这种情况之下,学生难以培养出真正的科学家思维方式。科学家思维有4个关键特征:实证性、逻辑性、批判性和创造性。上文从真实情境下的化学实验设计及反思对于学生科学家思维养成的重要作用出发,探讨了如何在化学实验教学中融入真实情境,引导学生进行实验设计和反思,从而激发学生的探究欲望和创新思维,促进学生科学家思维的养成。事实上,重视真实情境下的化学实验设计及反思,可以帮助学生更好地理解和掌握化学理论。

科学家思维是指像科学家一样思考问题、解决问题的思维方式。它包括以下几个方面:①观察和分析能力;②提出问题和假设的能力;③设计和实施的能力;④分析和解释结果的能力;⑤批判性思维和创新能力。

当下,越来越多的教育工作者开始关注真实情境下的化学实验设计及反思对于学生科学家思维养成的重要作用。所谓真实情境,是指学生在实

---

① 梁永江.真实情境创设在高中化学课堂教学中的应用研究[D].重庆:西南大学,2020.

验中面对的实际问题或挑战。这些问题或挑战需要学生运用所学知识和技能进行实验设计和解决。通过真实情境下的化学实验设计和反思,学生不仅能够加深对化学知识和技能的理解,还能够培养自己的探究欲望、创新能力和科学家思维。化学实验设计是一个综合性的过程,需要学生在目的、步骤、实验条件等方面进行全面考虑。在真实情境下的化学实验设计中,学生需要根据目的和背景知识,确定其整体框架和步骤。例如,在研究物质的性质变化时,学生可以设计一系列的步骤,通过改变实验条件和观察结果的变化来探索物质的性质变化规律。这样的设计,有助于学生深入理解化学原理,提高实验技能。

真正的化学实验应以解决问题为目标,具有创新性和探究性,在真实情境下进行。学生既要充分考虑实验的目的、方法和可能的结果,也要预测实验过程中可能出现的问题和相应的解决方法。这种方式可以使学生更好地理解科学知识和技能,同时也能够提高学生的创新能力和解决问题的能力。除了实验设计,反思也是化学实验中不可或缺的一部分。通过对结果的分析和总结,学生可以进一步加深对原理和技巧的理解。在反思中,学生需要思考结果与预期结果的差异,找出实验中可能存在的误差和不确定性,并提出改进的建议。通过这样的反思,学生可以不断完善自己的实验设计,提高其准确性和可重复性。

具有科学素养和科学态度的思维方式是科学家的重要特点之一。科学思维的重要性已得到广泛认可。教育工作者和政策制定者普遍认为,科学素养是21世纪关键的能力之一。然而,对于什么是科学思维以及如何在教育中有效地培养它,仍存在许多困惑和争议。下文旨在提供对这些问题的清晰理解,并为培养学生的科学思维提供实用建议。重视真实情境下的化学实验设计及反思,不仅可以提高学生的能力,还可以培养学生的科学家思维。科学家思维是指通过观察、提出问题、设计实验、分析数据和推理等一系列科学活动来解决问题的思维方式。在真实情境下的化学实验中,学生需要根据实验目的和背景知识,观察结果并分析数据,从中找出规律和问题,并提出解决方案。通过这样的实验设计过程,学生可以培养批判性思维、创造性思维和合作式思维等重要的科学能力。学生在进行化学实验时,应该积极思考其意义和目的,不断探究和尝试新的方法和技术。学生只有持续性地进行思考和观察,才能够培养出真正的科学家思维。

此外,化学仪器的设计和使用也应该体现科学性和严谨性。学生在进行实验设计时,应该尽可能多地考虑其各种因素,如温度、压力、时间和物质的性质等。同时,学生还需要严格遵守操作规范,认真观察现象并记录结果。只有这样,才能够确保数据的准确性和可靠性,从而得出正确的结论。

除了培养科学家思维,真实情境下的化学实验设计及反思还可以激发学生的创新能力。在实验中,学生需要根据实验目的和背景知识,思考如何改进实验步骤和实验条件,从而提高结果的准确性和可重复性。通过这样的思维过程,学生可以提出新的方法和技术,解决实验中可能遇到的问题。同时,学生在实验过程中还可以发现一些未知的现象和规律,从而为科学研究提供新的思路和方法。在进行化学实验时,学生应该像科学家一样思考问题、设计实验。通过真实情境下的实验设计,学生可以更好地体验科学家的思维方式,并培养创新精神和解决问题的能力。

真实情境下的化学实验设计要求学生充分了解实验目的和实验材料的性质。在进行实验设计之前,学生应该对实验目的有清晰的认识,并了解实验所使用的材料的性质和特点。只有对实验目的和实验材料有足够的了解,学生才能准确地选择方法和操作步骤,从而保证其可行性和有效性,综合运用已有的化学知识和技巧验证真实情境下的化学实验设计的可行性。化学实验设计是一个综合运用化学知识和技巧的过程,学生应该充分利用已学习的化学知识,结合实验目的和实验材料的特点,设计合理的实验方案。同时，学生还应该根据自己的实践经验和技巧，合理安排步骤和使用仪器设备，以确保其准确性和可重复性。除了上述的必要操作，实验证据的保留也是基于学生化学学科严谨学习的要求，即在真实情境下的化学实验设计要求学生做好必要的观察和记录。观察和记录是科学实验中不可或缺的环节，对于学生来说更是培养科学家思维的重要一环。真实情境下的化学实验设计要求学生全面考虑其各种因素，如目的、材料、方法、结果、误差等。学生需要明确目的和问题，选择适当的方法和仪器，预测可能的结果和误差，并注意操作细节，严格遵守操作规范，认真观察现象并记录数据。学生在进行实验时应该仔细观察现象和变化，并及时记录下来，以便后续的分析和总结。通过不断观察和记录，学生可以发现实验中的规律和问题，并加以分析和解决，从而提高自己的科学思维和能力。最后，真实情境下的化学实验设计要求学生进行结果的分析和反思。结果的分析和反思是学生进行科学思维训练的重要环节。学生应该对结果进行全面的分析，并结合已有的化学知识，找出结果中的规律和问题。真实情境下的化学实验设计则更加强调学生真实的动手能力，能够更好地帮助学生培养科学家思维。

在真实情境下进行化学实验，学生需要首先明确实验目的和所要探究问题，然后选择适当的方法和仪器，并预测可能的结果和误差。在实验设计和反思中，学生需要根据问题或情境，自主选择实验方案，自主选择实验器材和药品，并进行操作。这种自主探究的过程可以帮助学生培养实践能力和创新意识。同时，在实验设计和反思中，学生需要对结果进行反思和探究，提出自己的见解和想法。这种反思和探究的过程可以帮助学生培养创新思维和创新能力。在实验过程中，学生还需要注意操作细节，严格遵守操作规范，认真观察现象并记录数据。在实验结束后，学生需要对数据进行分析和处理，得出实验结论，并对结果进行反思和总结。

重视真实情境下的化学实验设计及反思，对于培养学生的科学家思维至关重要。同时,通过对结果的分析和反思,学生可以不断完善自己的实验设计和操作技巧,培养自己的科学素养和科学态度。真实情境下的化学实验设计,能够更好地帮助学生理解化学原理和相关概念,提高学生的实践能力和创新能力,培养学生的科学家思维。科学家思维是一种解决问题和作出决策的方式。它基于观察、实验和证据,并使用逻辑和推理来得出结论。科学家思维是许多其他领域,如工程、医学和商业领域的关键能力。事实上,当今世界面临的许多复杂问题,如气候变化、公共卫生和经济不平等,都需要用科学家思维来解决。因此,教师应当为学生提供更多真实情境下的实验机会,助力学生成长为优秀的科学家。

7.2 高中化学教学改革的启示

在化学教学中,传统的以教师为中心的讲授方式往往注重知识的传递,而忽视了学生对化学知识的理解和应用。然而,随着科学教育的不断发展,人们已经深刻认识到理解化学知识的重要性。

基于"理解为先"理论的化学教学改革启示我们,教师在教学中需要注重学生的前概念和认知结构,创设真实情境下的化学实验设计,强调化学知识的理解和应用,注重科学方法的传授,采用多元化的教学评价方式,从而帮助学生更好地理解化学知识,提高科学素养和创新能力。

7.2.1 教学管理要为化学课堂教学转型助力,着力发展学生的核心素养

教学管理是课堂教学的重要组成部分。它不仅为课堂教学提供必要的支持和保障,还能够促进课堂教学的转型和提升。在化学教学改革中,要实现从传统的知识传递模式向"追求理解"的高效课堂转型,教学管理的助力是必不可少的。

教学管理需要提供必要的资源和支持。这包括提供高质量的化学实验器材和试剂、建设先进的教学设施、提供相关的教学辅助材料等。这些资源和支持可以确保教师在课堂教学中能够充分发挥其能力和才华,同时也能够帮助学生更好地理解和掌握化学知识,营造良好的教学环境和学习氛围。这包括创造积极向上的班级氛围、促进师生之间的互动和交流、鼓励学生之间的合作和探究等。这些环境和氛围可以激发学生的学习兴趣和动力,促进他们的思维和认知发展,同时也能够提高课堂教学的效果和质量。

教学管理要为化学课堂教学转型助力,需要提供必要的资源和支持、营造良好的教学环境和学习氛围以及提供相关的培训和发展机会。只有这样,才能够实现从传统的知识传递模式向"追求理解"的高效课堂转型,发展学生的核心素养。

7.2.2　多种教学策略融合,打造"追求理解"的高效课堂

在化学教学改革中,要打造"追求理解"的高效课堂,需要采用多种教学策略并进行融合。

第一,激活学生的前概念和认知结构。在化学教学中,学生已有的前概念和认知结构对理解新知识具有重要影响。教师需要了解学生的前概念和认知结构,并在此基础上设计教学策略,激活学生的前概念和认知结构,帮助学生建立正确的化学概念和理解框架。

第二,注重真实情境下的化学实验设计。真实情境下的化学实验设计是帮助学生理解化学知识的重要手段。通过实验设计和反思,学生可以更好地理解化学原理和概念,并培养科学家思维和创新能力。同时,真实情境下的实验设计还可以帮助学生将化学知识与实际生活联系起来,提高学生的学习兴趣和动力。

第三,强调化学知识的理解和应用。化学知识不是孤立的,而是相互联

系的。因此，教师在教学中需要强调化学知识的理解和应用，引导学生将所学知识应用到实际生活和工作中。例如，教师可以引导学生分析食品添加剂、环境污染等实际问题，帮助学生了解化学知识在解决实际问题中的应用。

第四，注重科学方法的传授。科学方法是化学学习的重要内容之一。在化学教学中，教师需要注重科学方法的传授，引导学生掌握化学实验的基本方法和技能，培养学生的观察、实验和推理能力。同时，教师还需要引导学生理解科学方法的应用和发展，帮助学生形成科学的态度和价值观。

第五，采用多元化的教学评价方式。教学评价是课堂教学的重要组成部分。在化学教学中，教师需要采用多元化的教学评价方式，包括考试、观察、口头表达、作品展示等。同时，还需要注重将过程性评价和终结性评价相结合，以便更好地了解学生的学习情况和表现，为后续的教学策略提供参考和依据。

要打造"追求理解"的高效课堂，需要采用多种教学策略并进行融合。这些教学策略包括激活学生的前概念和认知结构、注重真实情境下的化学实验设计、强调化学知识的理解和应用、注重科学方法的传授、采用多元化的教学评价方式等。只有这样，才能够更好地帮助学生理解化学知识，提高其科学素养和创新能力，从而培养学生的科学家思维。

结　语

化学教学改革承载着培养新一代化学人才的使命,旨在提升化学教学质量,培养学生的创新思维与实践能力。通过重新制定化学教学大纲、更新教学内容、改进教学方法和手段等措施,我们逐步提高了学生的综合素质和创新能力。

通过解读普通高中化学课程标准的深刻内涵,把握习近平总书记提出的育人要领,我们以拓宽学生知识面、强化基础知识掌握、增加选修课程为指导原则,使学生可以根据自己的兴趣和需求自由选择适合自己的课程。我们注重引入新的科研成果和技术应用,使课程内容更加贴近实际,更加生动。我们采用启发式教学、探究式教学、合作学习等多元化教学方法和手段,学生更加主动地参与到教学中,真正成为课堂的主角。

这些改革措施的实施带来了显著的成果。学生的综合素质得到了全面提升,在考试成绩、科研能力、实践技能等方面都有卓越的表现。同时,学生对化学课程的满意度也有了显著提高。

展望未来,化学教学改革仍须不断深化。我们将继续努力,不断探索和实践,在以下几个方面取得更大的进步。

第一,实验教学。进一步强化实验教学在化学教学中的地位和作用,提高学生的实验技能和创新能力。实验既是化学学科的基础,也是培养学生实践能力的重要手段。未来,我们需要进一步增加实验教学的比重,提高实验教学质量。

第二,信息化教学。积极推进信息化教学,利用网络平台、多媒体技术等现代化教学手段,提高教学效果和学生的学习体验。信息化技术可以为化学教学提供更多的可能性,使抽象的化学知识更加形象化、生动化。

第三,学科交叉融合。加强化学与其他学科的交叉融合,拓宽学生的知识面和视野,培养复合型化学人才。化学是一门基础学科,与许多其他学科领域都有密切的联系。通过学科交叉融合,学生能够更好地理解和应用所学知识,提高综合素养。

第四,实践性和应用性。注重教学的实践性和应用性,加强理论与实际的联系,使学生能够更好理解和应用所学知识。通过实践性和应用性的教学,学生能够更好地掌握化学知识,并且能够激发学习兴趣和动力。

第五,国际化办学。加强国际化办学,引进国外优秀的教育资源,提高教学质量和办学水平。同时,积极开展国际合作与交流活动,推动我国化学教育事业的发展。通过国际化办学和国际合作与交流活动,可以让学生接触更广阔的知识领域和更先进的技术手段,从而激发他们的学习热情和创造力。

参考文献

[1] Addam B B. Probing learners' conceptual understanding of oxidation and reduction (redox) reactions: A case study[D]. Eastern Cape: Rhodes University, 2004.

[2] HongSuhYoung. A study on applying backward design to social studies to enhance communication competency[J]. The Journal of Learner-Centered CurriculumandInstruction, 2019, 19(3):1-21.

[3] Korotchenko T V, et al. Backward design method in foreign language curriculum development[J]. Procedia-Social and Behavioral Sciences, 2015, 215:213-217.

[4] McTighe J, Wiggins G. The Understanding by Design Handbook[M]. Alexandria: Association for Supervision and Curriculum Development, 1999.

[5] McTighe J, Wiggins G. Understanding by Design, 2nd Edition[M]. Alexandria: Association for Supervision and Curriculum Development, 2005.

[6] Minbiole J. Improving course coherence & assessment rigor: "Understanding by Design" in a nonmajors biology course[J]. American Biology Teacher, 2016, 78(6):463-470.

[7] Reigeluth C M. Instructional-design Theories and Models: A New Paradigm of Instructional Theory Ⅱ[M]. New York: Routledge, 1999.

[8] Spady W G. Organizing for results: The basis of authentic restructuring and

reform[J]. Educational Leadership,1988,46(2):4-8.

[9] Wiggins G, McTighe J. Understanding by Design Guide to Advanced Concepts in Creating and Reviewing Units[M]. Alexandria:Association for Supervision and Curriculum Development,2012.

[10] Wiggins G, McTighe J. Understanding by Design Guide to Creating High-Quality Units[M]. Alexandria:Association for Supervision and Curriculum Development,2011.

[11] 波利亚.怎样解题:数学思维的新方法[M].涂泓,冯承天,译.上海:上海科技教育出版社,2011.

[12] 布鲁纳.教育过程[M].绍瑞珍,译.北京:文化教育出版社,1982.

[13] 布鲁斯·乔伊斯,马莎·韦尔,艾米莉·卡尔霍恩.教学模式(第9版)[M].兰英,等译.上海:华东师范大学出版社,2021.

[14] 蔡辉舞,王锋,洪兹田.基于UbD的初中大概念主题单元复习教学设计:以"有反应无明显现象的实验探究"为例[J].化学教学,2023(3):34-40.

[15] 陈琦,刘儒德.教育心理学(第3版)[M].北京:高等教育出版社,2020.

[16] 陈瑞琪.基于UbD模式的初中化学教学设计实践研究:以《化学用语》为例[D].重庆:西南大学,2023.

[17] 陈婷婷.基于化学核心素养的项目式教学实践:造纸工艺中的化学[J].化学教与学,2022(19):22-26.

[18] 陈晓勇.追求理解的化学教学设计研究:以"物质的聚集状态与晶体的常识"为例[J].化学教学,2022(11):43-48,60.

[19] 储怡婷.高中物理逆向教学策略研究[D].扬州:扬州大学,2023.

[20] 丁伟俊,朱丹丹,郭秋雨,等.基于UbD理论的高中"教、学、评"一体化

研究[J].中学教学参考,2023(3):1-4.

[21] 高文.教学模式论[M].上海:上海教育出版社,2002.

[22] 高晓靓,涂雪梅,卫艳新,等.基于UbD理论的"硫及其化合物"单元教学设计[J].中学化学教学参考,2022(10):17-19.

[23] 高晓靓.基于UbD模式的高中化学单元教学应用研究[D].合肥:合肥师范学院,2022.

[24] 郭华.好老师是如何上好一节课的:以华应龙"阅兵之美"一课为例[J].中国教师,2021(10):53-54.

[25] 郭华.教学方式变革要在"转化"上下功夫[J].人民教育,2022(11):1.

[26] 郭华.教学改革的初心与坚守[J].中小学管理,2021(5):9-12.

[27] 郭华.让学生进入课程:新版义务教育课程标准修订工作心得[J].全球教育展望,2022(4):12-13.

[28] 何克抗,李克东,谢幼如,等."主导—主体"教学模式的理论基础[J].电化教育研究.2000(2):3-9.

[29] 何克抗.核心素养的内涵、特征及其培育[J].中国教育科学(中英文),2019(3):114-122.

[30] 何克抗.也论教学设计与教学论:与李秉德先生商榷[J].电化教育研究,2001,(4):1-10.

[31] 何晔,盛群力.理解的维度之探讨[J].开放教育研究,2006(3):28-34.

[32] 季文彭,李智.挖掘真实情境问题实验促成素养发展:以铁盐、亚铁盐的教学为例[J].化学教与学,2023(4):12-15,76.

[33] 江合佩,王春,潘红.核心素养下的化学单元整体教学设计[M].福州:福建教育出版社,2021.

[34] 江合佩,张仁波.高中化学元素化合物教学策略的实践研究[J].福建教育学院学报,2013(2):44-46.

[35] 教育部考试中心.中国高考评价体系[M].北京:人民教育出版社,2019.

[36] 靳慧灵.新加坡的UBD实践[J].上海教育,2018(14):46-50.

[37] 李惠玲.UbD理论在高中化学单元教学中的应用研究:以"化学反应速率与化学平衡"为例[D].哈尔滨:哈尔滨师范大学,2023.

[38] 李秋实,刘学智.美国"课程实施调查"项目新进展:教科书与课程标准一致性分析模式研究[J].外国教育研究,2019(7):15-28.

[39] 梁永江.真实情境创设在高中化学课堂教学中的应用研究[D].重庆:西南大学,2020.

[40] 刘开双.深化课堂教学改革助推区域教育高质量发展[J].湖北教育(政务宣传),2023(8):46-47.

[41] 刘思思.基于逆向教学理论的单元整体教学设计研究:以四年级下册第二单元科普说明文为例[D].重庆:西南大学,2023.

[42] 吕世虎,吴振英,杨婷,等.单元教学设计及其对促进数学教师专业发展的作用[J].数学教育通报,2016(10):16-21.

[43] 马兰,盛群力.课堂教学设计:整体化取向[M].杭州:浙江教育出版社,2011.

[44] 倪胜军,付绍武,艾进达.逆向、整体、可操作:UbD理论视角下化学单元教学设计——以九年级"化学方程式"为例[J].化学教学,2021(12):48-51,64.

[45] R.M.加涅,W.W.韦杰,K.C.戈勒斯,等.教学设计原理(第五版修订本)[M].王小明,等译.上海:华东师范大学出版社,2018.

[46] 桑国元,叶碧欣,黄嘉莉,等.构建指向中国学生发展核心素养的项目式学习标准模型[J].中国远程教育,2023(6):49-55.

[47] 尚晓霞.UbD理论在高中化学教学设计中的应用研究[D].呼和浩特:

内蒙古师范大学,2022.

[48] 邵朝友,韩文杰,张雨强.试论以大观念为中心的单元设计:基于两种单元设计思路的考察[J].全球教育展望,2019(6):74-83.

[49] 盛群力,何晔.意义学习,理解为先:UbD 模式对课堂教学改革提出的新建议[J].课程教学研究,2013(8):22-31.

[50] 施良方.泰勒的《课程与教学的基本原理》:兼述美国课程理论的兴起与发展[J].华东师范大学学报(教育科学版),1992(4):1-24.

[51] 宋小宏.UbD 理念指导下虚拟仿真实验赋能化学教学的课例研究:以"化学反应速率"为例[J].化学教学,2023(6):35-39,92.

[52] 泰勒.课程与教学的基本原理[M].罗康,张阅,译.北京:中国轻工业出版社,2008.

[53] 谭灵芝.基于 UbD 模式的高中化学教学设计及实践研究:以"认识有机化合物"为例[D].重庆:西南大学,2022.

[54] 唐云波.从"知识本位"走向"素养为重"的元素化合物教学设计:以"硫及其化合物"教学为例[J].化学教学,2017(10):35-40.

[55] 屠莉娅.从素养表达走向素养实践:聚焦核心素养的课程转化与行动要义[J].教育研究,2023(9):86-96.

[56] 王爱富.基于发展学生核心素养的单元教学设计探索[J].化学教学,2017(9):55-59.

[57] 王春.基于 UbD 理论的化学教学设计研究:以"酸、碱、盐在水溶液中的电离"为例[J].化学教育(中英文),2020(9):46-50.

[58] 王丹.基于 UbD 理论的高中化学单元教学设计与实践研究:以"物质及其变化"为例[D].西宁:青海师范大学,2022.

[59] 王峰.核心素养导向的高中化学教师课程实践力提升路径研究[D].上海:华东师范大学,2020.

[60] 王惠来.奥苏伯尔的有意义学习理论对教学的指导意义[J].天津师范大学学报(社会科学版),2011,(2):67-70.

[61] 王磊,魏锐.学科核心素养发展导向的高中化学课程内容和学业要求:《普通高中化学课程标准(2017年版)》解读[J].化学教育(中英文),2018(9):48-53.

[62] 王强,杭伟华.深度学习视阈下化学核心概念教学的策略研究:以人教版必修主题内容"氧化还原反应"的教学为例[J].化学教与学,2022(8):6-9.

[63] 吴新静,盛群力.理解为先促进设计模式:一种理解性教学设计的框架[J].当代教师教育,2017,10(2):40-47.

[64] 肖龙海,曹宗清,赵海亮.论理解性教学的困顿与超越[J].教学与管理,2020(36):1-5.

[65] 肖龙海."双减"之后,应双增学生学习自觉性[J].湖北招生考试,2022(2):1.

[66] 叶海龙.逆向教学设计简论[J].当代教育科学,2011(4):23-26.

[67] 余小凤,刘波,张林,等.基于"理解为先"理论的化学单元教学设计:以"铁及其化合物"为例[J].云南化工,2022(10):164-166.

[68] 喻华.学科大观念引领元素化合物性质的深度学习:"硫及其化合物"的课例研究[J].化学教与学,2022(20):58-60,37.

[69] 张春莉,杨雪.深化核心素养导向的学生学习评价改革[J].小学教学(数学版),2022(7):30-32.

[70] 张洪悦.UbD模式在高中有机化学基础教学中的应用研究[D].昆明:云南师范大学,2021.

[71] 张淑琴.UbD理论在高中化学教学中的实践研究[D].太原:山西师范大学,2022.

[72] 张雄鹰.基于大概念的微项目教学设计:以"定性和定量探究黑木耳中的铁元素"为例[J].化学教与学,2021(8):23-26.

[73] 张宇.基于UbD理论的高中化学大单元教学设计研究:以"烃"为例[D].大连:辽宁师范大学,2023.

[74] 赵婀娜,冯华.科技自立自强教育改革创新[N].人民日报,2021-12-30(12).

[75] 郑霞珍,陈洁汝.UbD模式下的逆向教学设计:以"离子反应"为例[J].教学月刊(中学版),2021(9):23-26.

[76] 中华人民共和国教育部.普通高中化学课程标准(2017年版2020年修订)[M].北京:人民教育出版社,2020.

[77] 钟启泉.举起"立德树人"的教育旗帜[J].新教师,2019(7):1.

[78] 钟启泉.深度学习[M].上海:华东师范大学出版社,2022.

[79] 钟启泉.再谈"核心素养"的界定[J].新教师,2020(1):1.

[80] 周晓芸.基于UbD理论的初中物理单元教学设计实践研究:以"热与能"为例[D].上海:华东师范大学,2023.

[81] 朱如琴.真实情境与化学课堂深度融合的教学实践:物质的溶解性[J].化学教育(中英文),2023(15):33-40.